KB004184

난민, 멈추기 위해 떠나는 사람들

청소년을 위한 난민 이야기

**난민, 멈추기 위해 떠나는 사람들**

초판 1쇄 펴냄 2021년 2월 5일
　　8쇄 펴냄 2024년 4월 8일

지은이 하영식

펴낸이 고영은 박미숙
펴낸곳 뜨인돌출판(주) | 출판등록 1994.10.11.(제406-251002011000185호)
주소 10881 경기도 파주시 회동길 337-9
홈페이지 www.ddstone.com | 블로그 blog.naver.com/ddstone1994
페이스북 www.facebook.com/ddstone1994 | 인스타그램 @ddstone_books
대표전화 02-337-5252 | 팩스 031-947-5868

ⓒ 2021 하영식

ISBN 978-89-5807-800-5  03340

# 난민,
# 멈추기 위해
# 떠나는 사람들

## 청소년을 위한 난민 이야기

하영식 지음

뜨인돌

# 차례

**일러두기**

이 책에서 나오는 외국 인명, 지명 등의 표기는 국립국어원의 외래어 표기법을 기준으로 삼았습니다. 다만 현지의 실제 발음에 가깝게 쓰고자 예외적인 표기를 한 경우도 있습니다.

# 난민,
# 나는 그들을 몰랐습니다

처음부터 내가 난민에 관심을 가진 건 아닙니다. 유럽을 비롯한 세계 전역에서 오랫동안 지내면서 자연스럽게 난민들과 마주치게 되었습니다. 처음 난민과 마주한 순간부터 나는 그들의 세계로 강하게 이끌렸습니다. 그 뒤로 많은 난민들과 만나며, 때론 그들을 찾아 여행을 떠났습니다. 그 여행은 나를 전쟁터로, 기관단총을 든 군인들 틈으로, 어떤 때는 전갈과 뱀이 지나다니는 산 위나 사막으로 향하게 했습니다. 이제 내가 난민의 세계로 깊숙이 들어가게 된 특별한 경험들을 이야기해보려 합니다.

*1992년 겨울, 나는 난민을 처음 보았습니다.*

    파리에서 지내던 당시, 집으로 걸어가는 길에 거리를 가득 메운 수백 명의 중동 사람들과 마주하게 되었습니다. 내가 머물던 지역은 중동 출신 사람들이 많이 사는 곳으로 유명했습니다. 여러 민족이 모여 사는 파리여서 그런지 시위는 자연스럽게 받아들여졌습니다. 좁은 도로를 차지하고 플래카드를 들고 지나가는 그들의 모습은 내게 아주 인상적으로 다가왔습니다. 시위대는 형형색색의 민족의상을 입고 행진하며 무어라 소리쳤습니다. 사실 나는 그들이 누군지, 무엇을 주장하는지는 큰 관심이 없었습니다. 다만 민족의상을 입고 파리 시내 한복판에서 벌이는 시위 그 자체에 더 관심이 갔습니다.

    근처에서 구경하던 파리 사람들에게 물어보았지만 누구도 그들의 정체를 몰랐습니다. 파리에서는 세계 곳곳에서 온 민족들이 시위를 벌이다 보니 그곳 사람들에게는 익숙한 장면이었을 거라 생각됩니다. 그날의 시위는 그렇게 내 기억 속에 강한 색깔만을 남겨둔 채 그대로 지나가버렸습니다.

*몇 년이 지난 1990년대 중반쯤, 스위스 바젤에서*
*다시 한번 그들과 마주쳤습니다.*

친구가 사는 아파트 발코니에 앉아 커피를 마시는데 거리에 수많은 깃발과 플래카드를 앞세운 시위대가 보였습니다. 파리에서 마주쳤던 사람들과 비슷하다는 생각이 들어 스위스 친구에게 물었지만 단지 '중동 사람들'이라는 대답만 돌아왔습니다. 친구도 그들이 누군지 몰랐습니다. 그들은 그렇게 또다시 제 곁을 지나갔습니다.

그 후 그리스 수도 아테네에서 지내는 동안 나는 어떤 사람을 만났습니다. 그때까지 내가 한 번도 들어본 적 없는 민족의 사람이었습니다. 그는 자신의 민족에 대한 이야기를 들려주었습니다. 이란, 이라크, 시리아, 터키 일대에 뿔뿔이 흩어져 사는 민족, 고유한 문화와 언어가 있음에도 국가 없이 살아온 민족, 그들은 바로 쿠르드 민족이었습니다. 처음에 쿠르드족 인구가 4000만 명이라는 말을 들었을 때 나는 놀라 되물었습니다. 400만이 아니고 4000만이 맞느냐고. 그는 고개를 끄덕였습니다. 엄청난 충격이었습니다. 4000만 명이나 되는 민족이 국가가 없어 전 세계를 떠돌며 난민으로 살아왔던 것입니다.

그동안 유럽 각지에서 시위대를 보며 오랫동안 품었던 궁금증이 풀림과 동시에 내가 너무 세상을 몰랐다는 자책감이 밀려왔습니다. 그때서야 쿠르드 민족이란 존재를 처음 알게 되다니 말입니다. 몇 년 전 터키 해변에 숨져 있던 '쿠르디'도 바로 쿠르드 민족의 아이였습니다. 터키를 탈출해 그리스를 지나 유럽으로, 나중에는 이모가 있는 캐나다로 가기 위해 긴 여행길에 나섰다가 변을 당했습니다.

난민으로 태어나 난민으로 살다
난민으로 죽어갈 운명을 타고난 민족이
바로 쿠르드족입니다.

아테네에서 몇몇 쿠르드인을 만났지만, 그들의 삶을 직접 봐야겠다는 생각은 내 머릿속을 떠나지 않았습니다. 4000만 쿠르드 인구 가운데 2500만 명이 터키에 거주하고 있습니다. 그중에서도 대략 1500만 명이 살고 있다는 터키 동부로 향했습니다. 2001년 이스탄불에서 버스로 30시간을 달려 도착한 샨리우르파는 다른 지역과 다르게 삼엄한 분위기가 맴도는 도시였습니다. 시내 중심가에는 군부대가 자리 잡고 있어 어디서나 군용 차량들과 무장군인들을 볼 수 있었습니다. 낡고 지저분한 건물과 길거리는 가난을 상징적으로 보여주고 있었습니다. 터키의 다른 지역과의 차이는 금방 눈에 들어왔습니다. 두 시간을 더 달려 도착한 디야르바키르에서는 들어서는 길목부터 중무장한 터키 군인들이 차량을 검문하고 있었습니다. 내가 목격한 이 모습들이 쿠르드 민족이 모여 사는 터키 동부의 풍경입니다.

터키에서 만난 쿠르드인들 가운데는 감옥에 다녀온 사람이

많았습니다. 9년, 10년, 20년 등으로 수감 기간은 달랐지만 이유
는 비슷했습니다. 이스탄불 중심가에서 만난 쿠르드인은 20년
을 감옥에서 보냈다고 합니다. 스무 살에 감옥에 들어가 마흔 살
에 나왔는데, 쿠르드 민족 독립과 관련된 유인물을 돌렸다는 것
이 이유였습니다. 반정부 유인물을 돌렸다는 죄목으로 20년을
감옥에서 지낸 것입니다. 이 모든 것이 내겐 충격이었습니다.

터키 디야르바키르의 쿠르드 민족 어린이들. 터키군의 삼엄한 통제 아래에서도 쿠르드
인들은 삶을 이어나가고 있다. © Charles Fred

내 눈에 비친 쿠르드 민족은
통제된 삶을 사는 난민들이었습니다.

당시 외국인 기자인 나와 만났던 쿠르드인들은 모두 터키 정보부에 끌려가 어떤 대화를 나눴는지 진술하라는 협박을 받았다고 합니다. 나를 잡아다가 고문하고 진술을 받아낸 것이 아니라 나와 대화했던 쿠르드인들에게 고통을 준 것입니다. 게다가 내가 묵고 있던 호텔의 직원에게 나의 일거수일투족을 두 시간마다 보고하지 않으면 호텔을 문 닫게 하겠다는 협박도 했다고 합니다. 이처럼 그들은 너무도 비열하고 잔인한 짓을 서슴지 않았습니다. 쿠르드인들이 겪는 고통을 알게 되자 나는 더 이상 그들과의 대화를 시도할 수 없었습니다.

이런 상황에서도 나를 초청해 이야기를 들려준 50대 쿠르드 교사위원회 위원장의 모습은 아직도 또렷이 기억에 남아 있습니다. 그는 내게 터키 당국의 탄압으로 죽은 쿠르드 교사들의 사연을 들려주었습니다. 그의 사무실 벽 한쪽에는 20명 정도 되는 교사들의 사진이 나란히 붙어 있었습니다. 모두 금지된 쿠르드 말을 비밀리에 가르치다 터키 당국에 적발돼 목숨을 잃은 교사들이었습니다. 지금도 문득 그 교사위원장이 잘 지내고 있을지 걱정이 됩니다. 터키 법을 어기면 상상도 할 수 없을 정도로 잔인한 처벌이 돌아옵니다.

이들이 받은 핍박은 일제강점기 동안
우리 독립운동가들이 당했던 고초와 너무도 비슷합니다.

쿠르드 난민들 중에는 시리아에서 IS의 핍박을 피해 터키 국경을 넘어온 사람들도 있습니다. 그들은 가난하지만 공동체를 이루고 평화롭게 살아가던 사람들이었는데 어느 날 갑자기 난민 신세로 전락해버렸습니다. 자기 의지와 상관없이 발발한 전쟁에 휩쓸려 갑자기 삶의 터전을 모두 잃어버리고 난민이 되었습니다.

쿠르드인들이 근본적으로 난민 처지에서 벗어나는 방법은 국가를 건설하는 길밖에 없습니다. 쿠르드 민족이 난민이 된 역사를 들여다보면 여러 나라의 개입이 있었음을 알 수 있습니다. 그러나 미국과 러시아, 중국, 유럽 강대국들을 중심으로 편성된 세계는 쿠르드 민족의 독립국가 수립을 허용하지 않고 있습니다. 쿠르드 민족은 독립국가 건설이라는 희망을 달성하기 위해 줄곧 미국을 도와 전쟁에 참여했습니다. 이라크와 시리아에서도 수많은 전투에 참여해 IS를 몰아내는 데 큰 공을 세웠지만, 트럼프 정부는 자국우선주의를 내세우면서 터키와 손잡고 쿠르드 민족을 배신해버렸습니다. 이 모든 일은 몇 년 새 벌어졌고, 쿠르드 민족은 여전히 난민으로 살아가고 있습니다.

*난민은 여러 이유로 생겨나지만,*
*가장 대표적인 원인은 전쟁입니다.*

난민들은 전쟁의 상처를 간직한 채 다른 나라로 향합니다. 전쟁으로 받은 상처는 쉽게 아물지 않으며 오랜 시간 지속됩니다. 직접적인 상처를 간직한 1세대가 가고 몇 세대가 지나야만 겨우 전쟁 후유증은 아물게 됩니다. 분노와 증오, 슬픔 등 감정적인 요소들까지 말끔히 치유되려면 수백 년이 걸릴 수도 있습니다. 따라서 어떤 이유에서든 전쟁을 피하려는 최선의 노력을 기울여야 합니다. 이제는 대화와 협상으로 전쟁이 일어나지 못하게 막는 '평화학'이라는 학문도 대학에 생겼습니다. 평화를 위한 인류의 노력이 만들어낸 작은 결실이기도 합니다.

그리고 경제 파탄으로 생겨나는 난민도 있습니다. 전쟁 방지와 더불어 세계 속 빈부격차를 해소하기 위한 노력을 해야만 이런 경제 난민을 줄일 수 있습니다. 유럽이나 미국, 일본, 한국 등 부유한 국가들로 들어가려는 제3세계 출신 난민들의 목숨을 건 모험은 이제 보편적인 현상이 돼버렸습니다. 사실상 전쟁 난민과 경제 난민 사이 경계도 애매한 게 현실입니다. 전쟁이 일어난 뒤 경제가 파괴되면 난민들은 돈을 벌기 위해 부유한 국가로 가게 됩니다. 너무나 자연스러운 흐름입니다. 이 흐름은 물리적으로 막을 수 없습니다.

*유엔난민기구 집계상 난민의 수는 7000만 명 남짓이지만,*
*경제 난민까지 더하면 1억 명에 육박할 것입니다.*

사실상 아프리카 대륙 전체, 중동 인구 절반, 멕시코 등 중미, 남미 인구 절반이 난민이며, 아시아는 인구 중 3분의 2가 잠재적인 난민입니다. 우리는 실제로 난민 시대에 살고 있습니다. 외면하고 막는다고 그들이 사라지는 것은 아닙니다.

우선 난민을 대하는 태도를 바꾸는 게 절실합니다. 그들은 살기 위해서 온 사람들이지 우리를 혼란에 빠뜨리려고 온 사람들이 아닙니다. 세계에 전쟁과 경제난, 각종 재난이 끊이지 않는 이때, 누구든 언제든 난민이 될 수 있습니다. 우리도 예외가 아닙니다. 그러니 함께 사는 방법을 찾아야 합니다. 난민과 어우러져 사는 삶은 인류애의 시작이자 더 나은 세상을 향해 가는 길입니다.

# 중남미 카라반 난민

Caravan

## 미국으로 향하는 중남미 카라반 난민

국경선을 사이에 두고 한쪽에는 세계에서 가장 부강한 미국이 있고, 다른 쪽에는 지독하게 가난한 멕시코 마을이 있습니다. 너무도 극명하고 비극적인 대비입니다. 나는 멕시코의 가난을 분명하게 보았습니다. 미국 애리조나주와 국경을 마주한 멕시코 국경도시 노갈레스를 방문했을 때 멕시코인을 따라 시내가 아닌 외곽 지역을 가본 적 있습니다. 언덕에 위치한 그곳에는 전기도 수도도 없어 물을 길어다가 먹으며 램프를 켜놓고 생활하고 있었습니다. 집은 양철판을 덧대어 지었고 바닥은 흙바닥 그대로였습니다. 사람들은 그렇게 마을을 이루어 살고 있었습니다.

마그달레나라는 작은 도시에서도 이와 비슷한 곳을 방문했습니다. 선교사라는 타이틀 때문인지 많은 사람들이 내게서 도움을 얻고 싶어 했는데, 나 또한 이들만큼 가난했던지라 원하는 도움을 줄 수 없었습니다. 영상 3도로 추웠던 겨울날, 한 청년은 나를 데리고 집으로 갔습니다. 그곳은 집이 아니라 천막이었습니다. 얇은 천으로 만든 천막이어서 비바람을 피할 수도 없었고, 온기는 아예 없었습니다. 이곳에 청년과 가족들이 살고 있었습니다. 당시 내 심정은 표현할 수 없을 정도로 찢기는 기분이었습니다. 이들이 왜 목숨을 걸고 미국으로 갈 수밖에 없는지 그 모습을 보고서야 완전히 이해가 됐습니다.

중남미 국가 출신자들은 카라반(Caravan)을 조직해 미국으로 향하는 캠페인을 벌이면서 한동안 언론의 조명을 받았습니다. 카라반 운동은 2018년 10월에 본격 시작되었습니다. 중남미에서 미국으로 향하는 길에 많은 이민자들이 갱단이나 부패한 경찰에게 돈을 빼앗기거나 납치돼 실종되는 일을 겪어왔습니다. 심지어 여성들은 성 착취를 당하기도 했습니다. 이런 위험에 대처하기 위해 함께 길을 떠나자는 취지로 시작된 운동이 바로 카라반입니다.

그 뒤로 수천 명의 이민자들이 함께 길을 나섰습니다. 이들이 길을 떠나기 시작한 지점은 엘살바도르와 온두라스, 과테말라이며 도중에도 계속 이민자들이 합류하면서 행렬은 수만 명으로 불어나기도 했습니다. 멕시코 국경에서 경찰들과 대치하며 잠시 여정이 중단되기도 했지만 이미 수천 명의 이민자들이 국경을 넘어갔습니다. 카라반 행렬에 속해 단체로 국경을 넘어가는 경우도 있지만, 인간 밀수 조직을 통해 미국으로 건너가는 일도 성행하고 있습니다. 카라반 시작점이 된 위 세 국가들에서는 카르텔이 운영하는 인간 밀수 조직들이 한 사람당 3000~4000달러를 받고 사람들이 미국에 밀입국할 때까지 지원하는 것으로 알려져 있습니다.

카라반을 조직해 미국으로 향하는 여정은 현실적으로 많은 어려움을 안고 있습니다. 그 여정에서 중남미 사람들이 하나같이 감탄한 일이 있습니다. 미국 국경으로 가는 중남미 사람들을 돕기 위해 멕시코 주민들이 물과 음식을 장만해 나누어준 것입니다. 자신들도 넉넉지 않은 형편이지만 비슷한 처지에 있는 사람들을 위해 마음을 내어줬습니다.

나는 1995년 멕시코에서 선교사로 1년간 지낸 경험이 있습니다. 멕시코인들과 함께 지냈던 경험은 내게 많은 것을 가르쳐주었고 인생을 더욱 풍요롭게 만들어주었습니다. 멕시코 사람들이 나에게 베풀어준 인정은 어느 나라 사람들도 따라가지 못할 것입니다. '곳간에서 인심 난다'는 우리나라 옛말이 무색할 정도로 멕시코 사람들은 가난한 생활 속에서도 다른 사람들과 나누는 삶을 살고 있습니다. 지금도 "코메르(먹어라)"라는 말이 카라반 난민 행렬은 온두라스, 과테말라, 엘살바도르에서 집결해 멕시코를 지나 미국으로 향한다.

귀에 쟁쟁합니다. "코메르"라고 말하며 손을 입에 집어넣는 시늉을 하던 노인은 세상을 떠났지만 그가 보여준 미소와 웃음소리는 내 기억 속에 영원히 남을 것입니다.

## 장벽이 생겨도 미국행은 계속된다

트럼프 전 대통령은 미국으로 향해 오는 카라반 행렬을 침략이라 규정하며 이들에 대해 강력하게 대응하겠다고 엄포를 놓았습니다. 트럼프 행정부는 미국과 멕시코 사이 기나긴 국경선을 따라 거대한 장벽을 설치해왔습니다. 하지만 미국 하원에서 다수를 차지하는 민주당이 장벽 설치를 반대하여 완공은 어려웠습니다. 트럼프 행정부는 중남미 비합법 이민자들에게 합법적인 절차를 밟아 미국으로 들어오길 강조하고 있지만, 법적 절차를 밟는 데 수년이 걸리기 때문에 대다수 이민자들은 비합법적인 방법으로 넘어가기를 선호할 수밖에 없습니다.

정치인들은 담만 쌓으면 모두 해결된다고 생각하지만 그것은 근본적인 해결책이 될 수 없습니다. 비합법 이민자들을 미국으로 데려다주는 멕시코 안내원은 한 인터뷰에서 "장벽이 건설되면 시간만 더 걸릴 뿐이지 미국으로 데려다주는 건 달라지지 않는다"라고 말했습니다.

가운데 국경을 기준으로 오른쪽은 멕시코 티화나, 왼쪽은 미국 샌디에이고 이다. 국경에 세워진 장벽은 언덕을 넘어 태평양까지 공사가 진행되고 있다.

2013년 6월, '불법체류 청소년 추방 유예(DACA)' 조치로 미국에 남은 청년들과 추방된 부모들이 장벽을 사이에 두고 만나고 있다. ⓒ Rebekah Zemansky

미국인들은 멕시코 사람들이 불법으로 들어와 자기들이 낸 세금으로 미국에서 혜택을 받고 있다고 생각합니다. 그럼에도 나는 멕시코 사람들이 미국에 가서 일을 할 수 있어야 한다고 생각합니다. 사실 미국은 멕시코가 없었으면 지금처럼 강대한 국가가 되기는 어려웠을 것입니다. 캘리포니아와 텍사스 등지는 150년 전에는 멕시코 영토였지만 전쟁을 통해 미국에게 빼앗기고 말았습니다.

지금 미국인들은 멕시코 사람들을 불법 이민자라며 비판하지만 과거 미국 농공업이 멕시코에서 온 값싼 노동력을 기반으로 발전했다는 사실은 부정할 수 없습니다. 멕시코나 중남미 국가 사람들의 비합법적인 미국 유입을 막는 근본적인 방법은 미국과 이들 국가 사이 경제적 차이를 줄이는 것입니다.

유엔난민기구(UNHCR)는 엘살바도르, 온두라스, 과테말라 출신 난민 신청자들이 2017년에 29만 4000명으로 늘어났다고 발표했습니다. 이는 전년도에 비해 2배로 늘어난 수치이며 2011년과 비교하면 16배가 늘어난 셈입니다. 이들이 난민 신청을 한 국가는 미국뿐 아니라 멕시코, 브라질, 코스타리카, 파나마 등도 있으며 2009년에서 2013년 사이 해당 국가들로 망명 신청을 한 건수는 약 7배가 늘어났다고 합니다.

# 범죄 조직이 지배한 나라

이들이 자기 국가를 등지는 이유는 범죄 조직이 국가의 통제가 어려울 만큼 사회 전역에 뿌리 깊게 박혀 있기 때문입니다. 세 국가들에서 갱단이나 범죄 조직이 활발하게 활동하는 배경은 가난과 불평등, 부패, 높은 실업률, 마약 거래, 교육 문제, 수용 인원보다 훨씬 많은 죄수를 수용하는 교도소 행정 문제, 알코올과 무기 거래 등 일일이 열거할 수 없을 정도로 많습니다.

카르텔 조직이 저지르는 범죄는 마약과 무기 거래가 주를 이루며 그 밖에도 자금 세탁, 납치를 통한 인간 밀매, 성 착취와 장기 밀매 등 이루 말할 수 없이 잔학한 일들을 저지르고 있습니다. 범죄 카르텔로 인해 사회는 불안정해지며 공동체는 붕괴되고, 가족관계를 비롯한 모든 사회적 관계가 공포와 의심 속에 놓이게 됩니다.

자연스럽게 청년들은 갱단에 들어가게 되며, 그렇지 않으면 일자리가 없어 고향을 떠나야 하는 상황입니다. 여성들은 끊임없이 갱단이 저지르는 성 착취에 노출되어 있으며 국가로부터 전혀 도움을 받지 못하는 형편입니다. 국가기관인 경찰과 군대조차 부패하여 돈을 받고 갱단을 보호해주는 역할을 하고 있으며 마약 밀수를 지원하기도 합니다. 심지어 국가지도자들조차 마약 밀수와 자금 세탁, 범죄 조직과의 거래 등을 저질러 미국 기관으로부터 수사를 받는 실정입니다.

온두라스의 에르난데스 대통령과 2017년에 사망한 통신부 장관이자 대통령의 여동생인 힐다 에르난데스는 미국 수사기관으로부터 마약 거래와 자금 세탁 혐의로 수사를 받았으며 아직도 재판 중에 있습니다. 2015년에는 미국 마약 수사기관의 수사 기록이 공개되면서 전 세계가 경악을 금치 못했습니다. 한 정치인이 마약 거래를 눈감아주는 대가로 카르텔의 돈을 받아 선거와 정치 자금으로 사용했다는 기록이었습니다. 이처럼 온두라스의 과거 정치인들은 대부분 마약 카르텔이 건네는 돈으로 국가를 통치해왔습니다.

온두라스에서는 2014년 한 해 동안 20만 명 정도 되는 젊은 이들이 범죄 조직의 박해와 위협으로 고향을 떠났다는 통계가 있습니다. 2016년 통계를 보면 과테말라에서는 26만 명이 비슷한 이유로 살던 곳을 떠났다고 합니다.

이들 국가가 겪는 치안이나 경제 문제가 제대로 해결되지 않는다면 미국은 국경선에 장벽을 세우더라도 더 큰 고초를 피할 수 없을 것입니다. 미국은 이 국가들이 갱단을 소탕하고 치안을 유지해 경제를 발전시킬 수 있도록 도와줘야 합니다. 물론 모든 책임을 미국에만 떠넘길 수는 없습니다.

미국으로 넘어가기만 하면 잘살 수 있다는 생각으로 자기 나라를 내팽개친 이들에게도 책임은 있습니다. 멕시코와 중남미 국가에서 고등교육을 받은 사람들 혹은 부유한 사람들 중 상당수는 미국에 살고 있으며, 그렇지 않으면 미국에 재산을 빼돌려 놓고 있습니다. 먼저 자기 나라를 살리기 위한 국민들의 노력과 의지가 필요합니다. 이것 없이는 사실상 미국의 지원도 아무런 소용이 없습니다.

## 처음에 그들은 농담처럼 말했다,
## 갱단에 들어오라고

내 이름은 사무엘이지만 사람들은 사미라고 부른다. 나는 온두라스 중부에 위치한 작은 마을 티에라블랑카('하얀 땅'이라는 뜻) 출신이다. 티에라블랑카는 인구가 1000명도 되지 않는 작은 시골 마을로 상하수도 시설도 제대로 돼 있지 않고 도로도 제대로 포장돼 있지 않아, 비만 내리면 온통 진흙 구덩이로 변해 걸어 다니기조차 힘들다. 이곳 청년들은 대부분 미국으로 가기 위해 마을을 떠나버려 이제 남아 있는 사람들은 노인들밖에 없다. 나도 중학교를 졸업하고 무얼 할까 하다가 친구 토미와 함께 온두라스에서 두 번째로 큰 도시인 산페드로술라로 떠났다.

온두라스에서는 사실 할 게 아무것도 없다. 돈도 없고 일자리도 없고 전기나 수도 공급조차 제대로 되지 않는다. 학교는 있지만 거기엔 이렇다 할 시설이 없다. 교실에는 칠판조차 없고 어린이들은 공부할 책이나 공책, 연필 등이 없다. 나는 가방도 없이 학교를 다녔다. 가끔 공책과 연필을 들고 가기는 했지만 책을 가지기는 어려웠다. 가끔 학교에서 책이나 학용품을 나눠줄 때도 있었다. 교사들은 자기 책을 복사해서 나눠주기도 하고 아예 학생들이 책 내용을 받아 적기도 했다. 학교 수업은 그렇게 겨우 이뤄졌다. 공부에는 별다른 흥미를 느끼지 못했지만 학교에 가면 친구들을 만날 수 있다는 사실이 그나마 큰 위안이었다.

2015년 5월 중순, 나는 미국으로 갈 준비를 하기 위해 산페드로술라로 왔다. 그런데 모든 게 막막하기만 했다. 일자리도 찾기 힘들었고 설령 일자리가 있다 해도 임금은 아주 낮았다. 도시에서 근근이 생존할 수 있을 정도밖에 되지 않았다. 친구 토미와 함께 방을 얻어 채소와 과일을 파는 가게에 취직했다. 일하는 곳은 시내 중심가였는데 일반 손님들도 많았지만 갱단 '마라18' 조직원들도 자주 과일을 사러 왔다. 이들은 돈을 지불하지 않고 과일을 가져갔다. 이 사실을 안 가게 주인은 화를 냈지만 우리는 어쩔 수 없었다.

이들에게 과일값을 지불하라고 하면 총을 들이댈 것이 뻔했기에 아무런 말도 하지 못했다. 가게 주인도 이 사실을 알고 있어서 어쩔 도리가 없었다. 신고를 해봤자 소용없었다. 경찰도 갱단에 맞서는 일은 하지 않았다. 시민들은 경찰도 갱단과 한패거리라 생각했다. 작은 마을에서 온 나와 친구는 너무 혼란스러웠다. 경찰이 부패한 상황이었기에 사실상 도시는 갱단이 지배하고 있었다. 갱단 무리는 과일을 가져가면서 우리한테 갱단에 들어오라고 권했다. 처음에는 농담처럼 말했다. 그런데 날이 갈수록 그들은 진지하게 말하기 시작했다. 갱단에 들어와야 한다고. 처음에 우리는 대수롭지 않게 생각했지만 나중에는 협박으로 느껴지기 시작했다. 그 순간 나는 그곳을 떠나야겠다고 생각했다.

## 멕시코 국경을 넘다

나는 친구에게 이제 미국에 갈 때가 된 것 같다고 말했다. 미국으로 가는 정보는 쉽게 구할 수 있었다. 온두라스에 사는 청년들은 대부분 미국행을 시도해본 경험이 있어서 누구에게든 미국으로 가는 여정에 대해 들을 수 있었다. 우리는 돈이 없었기에 가장 경비를 적게 들여 넘어갈 수 있는 방법을 연구했다. 과테말라로 가서 멕시코 국경을 넘어 일명 '죽음의 열차'를 타기로 계획을 세웠다.

우리는 버스를 타고 과테말라 국경을 넘었다. 온두라스와 과테말라는 국경선을 두긴 했지만 사실상 하나의 국가나 다름없었다. 여권 검사도 안 하고, 경찰도 거의 보이지 않았다. 버스에 탄 승객들은 모두 미국으로 가기 위해 멕시코 국경을 넘어가는 사람들이었다. 버스를 몇 차례 갈아탄 끝에 멕시코 국경에 도착하자 일행 가운데 길을 아는 사람이 기차역 쪽을 가리켰다. 모두들 기차역으로 향했다. 그곳에는 이미 과테말라와 온두라스, 엘살바도르에서 온 수많은 사람들이 기차를 기다리고 있었다.

기차는 흔히 생각하는 여객열차가 아니라 화물열차로, 올라타서 아무 곳에나 공간이 있으면 자리를 잡아야 했다. 멕시코는 영토가 넓어 남쪽에서 최소한 나흘은 올라가야 미국 국경에 도착할 수 있으며, 보통은 1주에서 2주가 걸린다. 어떤 열차는 멕시코시티에서 며칠간 머물기도 하는데 이런 경우에는 다른 화물열차로 바꿔 타야 한다.

우리가 기다리는 기차는 멕시코시티에 머물지 않고 바로 북쪽 노갈레스로 가는 기차라고 이야기하는 소리가 들렸다. 우리가 이 여정을 위해 준비한 건 물 두 병과 삶은 옥수수 몇 개가 전부였다. 곧 동이 터 올 것이었다. 새벽 4시가 되자 기차가 아침 6시에 출발할 거라는 소문이 떠돌았다. 사람들은 공동 수도와 화장실을 분주히 오갔다. 한 시간쯤 지났을까, 기관사가 왔다 갔다 하는 모습이 보였다. 다행히 기차는 미국 국적이어서 기관

● **죽음의 열차**

과테말라에서 멕시코 국경을 넘으면 미국 국경 근처까지 가는 기차를 만날 수 있습니다. 일명 '죽음의 열차' '짐승 열차'라 불리는 이 기차는 매년 40만 명의 중남미 이민자들을 실어 나릅니다. 많은 사람들이 열차에서 떨어져 죽거나, 팔다리가 부러지는 등 치명적인 부상을 당하고 있습니다. 열차는 과테말라와 접하고 있는 멕시코 남동부의 치아파스주를 지나 멕시코시티에 도착하면 휴식을 취한 뒤 다시 길을 떠납니다.

사도 미국 사람이었다.

　우리는 잔뜩 긴장한 채로 조심스럽게 기차에 오르기 시작했다. 친구와 나는 화물열차 지붕에 자리를 잡았다. 사실 이곳이 죽음의 열차에서 가장 좋은 자리였다. 화물열차 지붕은 좁지만 평평하여 잠을 잘 수도 있다. 열차와 열차 사이에 자리를 잡고 가는 사람들도 보였다. 그곳에서는 잠이 들면 떨어져 죽을 수도 있다. 많은 사람들이 깜빡 잠에 들었다가 떨어져 죽었다는 말을 들었다. 어느새 기차 위는 사람들로 빽빽했다.

　떠나기 전날, 어머니에게 전화를 걸었다. 미국에 가서 돈 많이 벌어 보내드리겠다고 말했다. 전화기 너머로 희미하게 어머니의 울음소리가 들려왔다. 나는 전화기에서 고개를 돌렸다. 가슴 한구석에서 타고 올라오는 울음소리를 겨우겨우 밀어냈다. 이제 정말 미국으로 가는 일만 남았다.

　곧 기차는 기적을 울리며 출발했다. 가슴에는 설렘과 무서움이 동시에 엄습해왔다. 과연 무사히 미국으로 넘어갈 수 있을지, 미국에 가서는 어떻게 살아야 할지, 아니면 국경을 넘기도 전에 잡혀서 되돌아오지는 않을지……. 너무나 많은 생각들이 머리를 스쳐 지나갔다. 내 생각을 날려버리기라도 하려는 듯 죽음의 열차는 그저 아침 공기를 가르며 빠르게 달렸다.

열차를 탄 중남미 난민들이, 멕시코 주민들이 던져주는 물과 먹을거리가 담긴 봉지를 받고 있다. © Joseph Sorrentino

## 화물열차 안에서

몇 시간 뒤 기차는 천천히 마을에 정차했다. 기차는 두세 시간에 한 번씩 멈췄다. 기관사들이 쉬기 위해서였을 텐데, 정차하는 마을마다 우리와 같은 이민자들이 더 나타나 열차에 올라탔다. 미국인 기관사는 기차에 많은 사람들이 오르고 있다는 사실을 알고 있었다. 기차가 서면 자리를 지켜야 했기에 우리는 두 사람 가운데 한 명이 내려가 음식과 물을 구해 왔다.

빈손으로 돌아올 때도 있었지만, 마을 사람들이 던져주는 물과 음식이 담긴 보따리를 가지고 올 때도 있었다. 멕시코 사람들이 너무 고마웠다. 자신도 어려운 상황에서 다른 사람들을 도와주고 있었다. 이 사실이 너무도 감동적이었다. 그들이 건네주는 음식을 받을 때마다 나는 미국에 가서도 결코 멕시코 사람들이 보내준 따스한 인정을 잊지 않으리라 생각했다.

사실 긴 여정 중에 기차에서 떨어지는 것보다 더 무서운 건 바로 갱단이었다. 갱단은 미국으로 가기 위해서가 아니라 기차에 탄 사람들을 약탈하기 위해 열차에 오른다. 2인 1조로 올라와 총을 들이대고는 사람들이 가진 돈이나 물건을 빼앗아 간다. 그런 일은 주로 밤에 일어난다. 밤에 기차 위를 다니는 사람들은 대부분 도둑이나 강도다. 기차가 멈출 때마다 다른 칸에서 밤사이 일어났던 일들이 뉴스처럼 들려왔다. 물론 가끔씩 이들과 맞서는 사람들도 있었다. 하지만 그들은 대부분 총에 맞아 죽거나 기차 밖으로 떨어졌다고 했다. 다행히 우리 칸에서는 아무 일도 일어나지 않았다.

우리 옆자리에는 과테말라에서 온 가족들이 서로 부둥켜안고 있었다. 남편과 임산부 아내 그리고 다섯 살 난 소년이었다. 여자는 미국으로 가서 아이를 낳아 미국 사람으로 키우는 게 소원이라고 말했다. 남자는 제대로 된 일자리를 잡아서 가정을 일구고 싶다고 했다. 가족들이 들려준 소원은 모두 현실과 거리가 멀었다. 친구와 나도 미국으로 향하고 있지만 정말로 갈 수 있을지 의문이었고, 미국으로 넘어간다 해도 살길은 막막했다. 기다리는 사람, 도와줄 사람 하나 없는 곳에서 무엇부터 해야 할지 의문이었다. 나는 속으로 그들이 무사히 미국에 도착해 잘 살아가기를 빌어보았다.

며칠 밤이 지나자 드디어 미국에 가까워졌다는 소리가 들렸다. 누군가 "에스타도스 우니도스(미국)!"라고 소리쳤다. 하지만 이 말이 들린 뒤에도 기차는 꼬박 하루를 더 달렸다. 저녁이 돼서야 기차는 미국 애리조나주와 맞닿은 멕시코의 국경도시 노갈레스에 도착했다. 사람들은 기차에서 내려 모두 뿔뿔이 흩어졌다. 옆자리에 있던 과테말라 가족들도 어느새 사라졌다. 나와 토미만 남았다. 기차에서 내린 사람들 가운데 우리처럼 갈 곳이 없어 서성대는 사람들이 보였다. 이들과 합류해서 앞으로 어떻게 미국으로 넘어갈지 얘기를 나누었다.

과테말라에서 온 청년 세 사람은 다음에 올 기차에 숨어들 겠다고 했다. 그 기차가 미국으로 넘어간다는 소리를 들었다는 것이다. 나와 토미는 눈을 마주쳤다. 우리도 그렇게 가기로 했다. 얼마간 기다리자 기차가 들어왔다. 밤이어서 잘 보이지 않았지만 기차 칸마다 바퀴 옆에 숨을 수 있는 구멍이 보였다. 가까이 가보니 한 사람 정도 숨을 수 있는 공간이었다. 모두들 흩어져 각자 들어갈 공간을 찾아야 했다. 토미와 나는 미국 국경을 넘어 처음 나오는 기차역인 노갈레스역에서 만나기로 하고 헤어졌다(미국과 멕시코 양쪽에 모두 노갈레스가 있다). 어둠 속에서 저만치 걸어가는 토미의 뒷모습이 흐릿하게 보였다.

## 미국 국경 앞에서 돌아오다

얼마나 움츠리고 있었을까. 레일에서 올라오는 진동으로 온몸이 얼얼했다. 자칫하면 떨어질까 바짝 정신을 차리려 애썼다. 그렇게 몇 시간을 버티고 또 버텼다. 기차는 계속 달려 미국을 향해 가고 있었다. 어느 순간 기차가 브레이크 소리를 내며 멈춰섰다. 곧 여러 사람들의 발소리와 함께 개 짖는 소리가 들렸다. 내가 있는 곳 근처에서 발소리가 멈추더니 개가 짖기 시작했다. 수십 명이나 되는 경찰들이 몰려와 고함을 질렀다. 모두 나오라는 외침에, 순간 나는 잡혔다는 사실을 직감했다. 그들은 미국 국경수비대였다. 끊임없이 들려오는 고함 소리에 나는 얼어붙은 듯 몸을 움직일 수 없었다. 심한 공포에 몸이 떨려 왔다.

　이제 나는 어떻게 되는 걸까? 감옥에서 몇 년을 보내야 하는 걸까? 무시무시한 범죄자들과 함께 미국 감옥으로 가는 걸까? 꼬리를 무는 생각들이 점점 나를 옥죄었다. 돈을 벌기 위해 왔지만, 이곳에서 나는 비합법적으로 국경을 넘은 범죄자일 뿐이었다. 기차 밖으로 나오자마자 나는 국경수비대에 잡혀 수갑이 채워졌다.

　그들은 나를 국경 경찰서로 끌고 갔다. 심문을 받으면서 비로소 온두라스에서 미국까지 오는 데 22일이나 걸렸다는 사실을 알았다. 온두라스에서 과테말라를 넘어 멕시코 국경까지 10일 남짓, 짐승 열차로 멕시코 남부에서 북부 노갈레스까지 또 열흘쯤, 다시 애리조나주 노갈레스로 가는 기차 밑에 숨어 미국 국경수비대에 체포될 때까지 총 22일이 걸렸다.

　내가 영어를 못하자 경찰들은 통역원을 데려와 여러 질문들을 던졌다. 이들이 알아내려는 건 내가 범죄 조직과 연관되었느냐 아니냐 하는 것이었다. 미국으로 들어오는 사람들 가운데 범죄 조직에 들어가기 위해 오는 사람들도 있는 것 같았다. "어디서 뭘 하다 왔느냐" "미국에 들어오려는 목적이 무엇이냐" 하는 기본적인 질문들이 이어졌다. 그러다 "과거에 법을 어긴 적

있느냐?" "감옥에 간 적은 있느냐?" 하고 물으며 내게 범죄 경력이 있는지 매우 상세하게 알고 싶어 했다. 미국 경찰은 거짓말을 해도 다 알 수 있다고 강하게 압박했다. 아마 미국 경찰과 온두라스 경찰이 범죄 기록을 공유하는 모양이었다.

나는 한 번도 경찰과 인연이 없었기에 자신 있게 대답했다. 미국에 들어온 목적은 "일을 해서 고향에 있는 부모님께 돈을 보내고 싶어서"라고 말했다. 온두라스나 과테말라에서 온 이민자들 사정은 대부분 비슷하다. 미국 경찰들도 대충 짐작을 하는 모양이었다. 과테말라나 온두라스, 엘살바도르, 니카라과 등 중미 국가들에는 사실상 일할 수 있는 터전이 아무것도 없었다. 내가 살았던 온두라스에서는 노인들만 빼고는 모두 미국으로 들어가길 원하고 있었다.

체포되어 미국 경찰로부터 심문을 받는 동안 너무 무서워 계속 눈물이 났다. 그때까지 한 번도 경찰에게 잡혀본 적이 없었기 때문에 체포 이후 내 운명이 캄캄하게만 느껴졌다. 미국에만 가면 될 거라고 생각했지만 그게 아니었다. 내 운명은 신만이 알 것이었다. 순간순간마다 나를 보호해달라고 신에게 기도했다. 그것도 아주 간절하게! 태어나서 지금까지 그렇게 간절히 기도해본 적은 없었다. 미국 경찰들은 나 같은 사람을 하루에도 수십 수백 명씩 대하는지 나중에는 농담을 건네기도 했지만, 나는 앞으로 어떻게 될지 두려운 마음뿐이었다. 경찰들은 나를 구금실로 데려갔다. 구금실은 큰 창고를 개조해서 쇠창살로 내부를 구획해놓은 곳이었다.

그곳에는 나보다 먼저 온 사람들이 20명가량 앉아 있었다. 대부분 넋을 잃은 양 내가 들어와도 본체만체할 뿐이었다. 그곳에는 멕시코 사람들과 중미에서 온 사람들이 대략 절반씩 섞여 있었다. 멕시코 사람들은 미국과 가까운 이웃이라는 자부심이 강해, 똑같이 체포당한 신세였지만 거들먹거리기 일쑤였다. 10명쯤 되는 멕시코 사람들은 모두 미국에서 건축 일에 종사하는 잡부들이었다. 이들은 쇠창살을 사이에 두고 알은체하며 이야기를 나눴다. 멕시코에서는 하루 종일 망치질을 해도 10달러를 받지만 미국에서는 100달러를 받는다고 했다. 온두라스에서는 3달러나 5달러를 받으니 멕시코 형편이 훨씬 낫고 미국은 상상을 초월하는 임금이었다. 미국으로 갈 수만 있다면 잘살게 되겠구나 하는 생각이 들었다.

구금실에 있는 시설이라곤 화장실과 바닥 그리고 매트리스가 고작이었다. 내가 구금된 방에는 엘살바도르 사람과 나, 이렇게 둘뿐이었다. 서로 간단히 소개를 하고 바닥에 앉았다. 우리는 스페인어로 이야기했지만 출신 지역이 달라 강세나 억양에 차이가 있어서 빨리 말하기 시작하면 알아듣기가 힘들었다. 그나마 같은 언어를 사용하니 대화를 할 수 있어서 다행이었다. 그 사람은 나보다 네 살이 더 많았지만 인생 스토리는 비슷했다. 가족에게 돈을 보내기 위해 미국으로 가던 중 붙잡혀 왔다고 했다. 이야기하는 동안 친구 토미가 떠올랐다. 토미는 어디에 있는 걸까. 붙잡히지 않은 걸까. 나는 토미가 이곳으로 오지 않기를 바라면서도 한편으로 보고 싶다는 생각도 들었다.

다음 날이 되자 아침부터 계속해서 사람들이 들어왔다. 우리 방도 이제 5명으로 늘어났다. 모두들 자기가 겪은 무용담을 늘어놓느라 시끄러웠지만 대부분 비슷한 내용이었다. 우리들에게는 사흘 뒤 '추방'이라는 결정이 내려졌다. 온두라스 사람들은 미국 정부가 비용을 부담하는 비행기로 온두라스 수도인 테구시갈파로 보내진다고 했다. 멕시코 사람들은 다시 멕시코로 보내져도 아마 또 월경을 시도할 것이다.

사흘 뒤 나는 노갈레스에서 피닉스 국제공항으로 실려 갔다. 이런 식으로 비행기를 처음 타보게 될 줄은 몰랐다. 창밖으로 보이는 풍경에도 마음은 무겁기만 했다. 어느새 비행기는 테구시갈파에 도착했다. 공항에 내리니 재교육을 위한 프로그램에 가입하라고 민간단체가 나를 잡아끌었지만 모른 체 공항을 빠져나왔다. 고향으로 돌아가는 버스 안에서 언젠가는 다시 미국으로 넘어가리라 굳게 결심했다. 다시 산페드로술라로 가서 같은 채소 가게에서 일하기 시작했다. 가게 주인은 나를 반갑게 맞아주었다. 그곳에서 일하면서 다시 미국으로 갈 기회를 잡겠다고 생각했다.

## 3년 후 카라반 난민이 되다

3년이 지나 2018년 10월이 되자, 온두라스 전체는 미국으로 향하자는 캠페인인 카라반 운동으로 뜨겁게 달궈졌다. 모두들 미국으로 갈 채비를 서둘렀다. 카라반을 주도한 단체는 멕시코에서 미국 국경까지만 가면 모든 게 순조롭게 해결된다고 말했다. 한 번 추방된 경험이 있는 나는 수천 명이 함께 미국으로 넘어간다면 그 과정이 훨씬 쉬우리라 생각했다. 이번에는 애리조나가 아니라 캘리포니아로 가기로 마음먹었다. 애리조나에서는 이미 체포된 경력이 있어서 피해야 한다고 생각했다.

　나는 수백 명의 사람들과 함께 산페드로술라를 출발했다. 사람들은 남녀노소 가리지 않고 아주 떳떳하게 카라반 깃발을 들고 행진했다. 그 모습은 텔레비전이나 신문에서 다뤄졌고 우리들은 아주 의기양양하게 나아갔다. 가는 도중 힘들어하는 노인들이나 아이들, 여성들은 지나가는 버스나 트럭에 태워 앞서 가게 했고, 우리도 곧장 다른 차량의 도움을 받아 과테말라로 들어갔다. 과테말라에서는 다른 카라반 행렬들이 기다리고 있었다. 우리는 이들과 합류해 멕시코 국경으로 행진해 갔다. 몇 날 며칠 걸어서 멕시코 국경에 다다랐을 때 행렬은 이미 수천 명 규모로 불어나 있었다.

　멕시코 국경도시 타파출라에 도착하니 상황은 이전과 달랐다. 카라반 행렬과 멕시코 경찰들이 국경 철책을 사이에 두고 대치하고 있었다. 멕시코 국경수비 대장은 마이크에 대고 "형제자매 여러분, 저희도 어쩔 수 없이 막고 있으니 양해 바랍니다!"라고 슬픈 목소리로 말했다. 트럼프 대통령이 내린 지시로 할 수 없이 국경을 막는다는 의미였다. 트럼프는 멕시코 정부에 압력을 넣으며 '멕시코로 넘어오는 중남미 출신 이민자들을 막지 않으면 무상 원조를 하지 않겠다'는 말을 여러 차례 했다. 멕시코 경찰들이 만든 방어선에 수천 명이 달라붙자 경찰들은 조금씩 뒤로 물러섰다. 멕시코 경찰들이 하는 방어는 형식적이어서 사실 카라반 행렬이 방어선을 뚫고 지나가게 내버려뒀다고 볼 수도 있다. 사람들은 경찰들과 형식적인 몸싸움을 한 뒤 금세 국경을 넘어갔다.

치아파스 지역을 지나가면서 카라반 행렬은 힘을 얻었다. 많은 치아파스 사람들이 도로변에 나와 우리에게 음식과 물이 든 보따리를 나눠주었다. 뜨거운 형제애에 모두들 목이 메었다. '라티노'라 불리는 우리 형제들이 너무 고마웠다. 그들은 미국으로 향하는 우리에게 응원의 목소리를 보태주었다. 이번에는 꼭 미국 국경을 넘으리라…… 나는 다시 한번 다짐했다. 사람들은 걷다가 지치면 도로변에서 구호단체 회원들이 나눠주는 담요를 덮고 잤다. 열흘 정도 지나자 점점 체력이 떨어졌다. 몸도 마음도 모두 지쳐가고 있었다. 가는 길에 더 많은 사람들이 카라반 행렬에 합류하면서 인원은 점점 불어났다. 아무리 함께 걷는다지만 계속 걸을 수는 없는 일이었다. 미국 국경까지 아직 1500킬로미터가 남았다. 하루에 50킬로미터를 걷는다 해도 한 달을 걸어야 했다.

　중간에 몇몇 트럭은 걸을 수 없는 사람들을 태워주기도 했다. 20명 정도되는 사람들과 나는 필사적으로 트럭에 올라탔다. 마침 운전사는 북쪽 캘리포니아 방향으로 간다고 했다. 도중에 멕시코 경찰들이 트럭을 세웠지만 곧 "파살레(통과)!"라고 소리치면서 통과시켜주었다. 사람들은 트럭이 설 때마다 화장실에 갔다가 먹을 것을 구해 왔다. 운 좋게 얻어 탄 트럭의 운전사는 아주 친절했고, 미국 국경도시인 '티화나'로 가는 길이었다.

　티화나에 도착하니 행렬에서 보았던 낯익은 얼굴들이 보였다. 오래된 친구를 만난 것처럼 너무나 반가웠다. 티화나 시민들이 제공해준 난민캠프에서 텐트 생활을 하며 지내던 그들은 우리를 그곳으로 안내해주었다. 난민캠프에는 이미 수천 명이 넘는 사람들이 모여 있었다. 이들은 합법으로든 비합법으로든 미국으로 넘어가는 날만을 기다리고 있었다. 매일 성조기를 향해 기도하는 사람들도 보였다. 캠프에서 지내는 사람들 외에도 미국으로 가길 희망하는 멕시코 사람들까지 합친다면 난민 수는 수만 명이 넘을 것이다. 여전히 미국은 모든 중남미 사람들과 전세계 사람들에게 희망의 땅이었다. 나 또한 어떻게 해서든 미국

으로 넘어가기만 하면 잘살 수 있다고 믿었다. 나는 그저 일을
해서 합당한 임금을 받고 집으로 돌아와 가족들과 하루를 마무
리하는 그런 삶을 꿈꿀 뿐이다.

　티화나에서는 미국으로 넘어가는 차들이 하루에도 수천 대
에 이르며, 줄을 서서 차례를 기다리는 사람들도 수천 명이었다.
그들이 어떻게 미국 비자를 취득했는지 궁금했다. 온두라스에
서는 아예 미국 대사관에 접근조차 할 수 없었고, 미국 대사관이
요구하는 서류 또한 가져갈 수 없는 게 현실이었다. 온두라스에
서는 부자들만 미국 비자를 획득할 수 있으며, 우리처럼 가난한
사람들은 절대로 미국 비자를 가질 수 없다. 따라서 비합법적으
로 넘어가는 방법밖에는 없다. 비합법적 방법으로 티화나에서
미국으로 가기 위해서는 안내원에게 1000달러에서 2000달러 정
도 되는 돈을 내야 한다. 그 비용을 마련하기 위해 캠프에 있는
난민들은 여러 방법으로 돈을 모으고 있다. 돈을 버는 일이라면
무엇이든 마다하지 않으며 심지어 여자들은 성매매에까지 종사
하고 있다.

　나는 비합법 이민자들을 안내해주는 멕시코 안내원을 찾아
갔다. 그는 국경 곳곳에 거대한 철제 장벽이 세워져 있지만 미국
으로 들어가는 길을 알고 있다고 했다. 국경 전체에 장벽이 세워
져도 언제나 길은 있다고 자신에 차서 말했다. 만약 실패하더라
도 돈을 지불한 비합법 이민자들은 반드시 책임지고 미국으로

데려다준다고 했다. 나는 안내원이 하는 말이 사실이길 바라며 머릿속으로 수중의 돈을 헤아려보았다. 아직 한참 모자랐다.

나는 티화나 난민캠프에서 지내며 미국으로 넘어가기 위한 돈을 벌고 있다. 지금은 식당에서 타코 만드는 일을 하는데 좀처럼 돈이 모이지 않는다. 안내원에게 가격을 조금 낮춰달라고 이야기해봤지만 그는 1000달러 이하로는 안 된다고 못 박았다.

● **유명한 난민들**

인류 역사를 돌이켜 보면 난민이었지만 그 사회에 뿌리를 내리고 성공해 부와 명예 심지어 권력까지 획득한 사람들이 있습니다. 많은 사람들이 사랑하는 작곡가이자 피아니스트인 프레데리크 쇼팽도 난민이었습니다. 20세기 인류의 과학 역사에 획기적인 공헌을 한 과학자 아인슈타인도 난민이었습니다. 구글 창업자 세르게이 브린도 부모를 따라 모스크바를 떠나 미국으로 망명한 난민 출신입니다. 그룹 퀸의 메인 보컬인 프레디 머큐리 또한 폭력과 전쟁의 위험을 피해 서유럽으로 넘어간 예술가입니다.

## 장벽에서 결혼식을 올리다

미국과 멕시코 사이에는 3000킬로미터가 넘는 국경선이 있습니다. 현재 미국은 이 기나긴 국경선에 장벽을 세우는 작업을 진행하고 있습니다. 멕시코를 통해 미국으로 넘어오는 난민들을 막기 위한 것입니다. 철제 장벽을 사이에 두고 여유로운 미국과 낡은 집들이 다닥다닥 붙어 있는 멕시코가 마주하고 있습니다. 촘촘하게 이어진 철제 장벽은 두껍고 높습니다. 그 장벽을 사이에 두고 2017년 11월 19일 두 사람이 결혼식을 올렸습니다. 미국인 신랑과 멕시코인 신부는 한 시간가량 임시로 개방된 통문 앞에서 간단한 서약을 한 뒤 부부가 되었습니다. 결혼식을 올리고도 부부는 바로 헤어져야 했습니다. 신랑은 미국 땅에, 신부는 멕시코 땅에 서 있습니다. 멕시코인 신부가 비자를 받지 못해 미국으로 넘어갈 수 없는 상황이기 때문입니다. 장벽 앞에 선 부부, 과연 물리적 장벽이 막을 수 있는 것은 어디까지일까요?

## 내 형제가 아르바이트를 하다
## 갱단에 들어오라는 제의를 받는다면?

국가가 마약 조직에 꼼짝 못 하고, 아르바이트를 하러 간 동생이 매일 갱단을 만나야 한다면 과연 어떨까요? 우리 생활 깊숙이 마약이 자리하고, 정치인과 유명인들이 암암리에 마약이 거래되고 있다는 사실을 모른 척하고 있다면? 심지어 그들이 마약 유통에 직접 관여하고 있다면? 그렇다면 우리의 삶은 과연 어떤 모습일지 한 가지 상황을 가정해보겠습니다.

아르바이트에 다녀온 동생이 오늘도 가게에 찾아온 갱단 조직원과 이야기를 나누었다고 합니다. 돈도 내지 않고 물건을 가져가는 바람에 사장에게 혼났다는 이야기는 이미 여러 번 들었습니다. 그런데 그것보다 심각한 문제는, 갱단 조직원이 아르바이트를 하고 있는 어린 동생에게 끊임없이 자기네 조직에 들어오라는 말을 건넨다는 사실입니다. 처음에 그들은 농담처럼 말했지만, 점점 그 수위가 협박에 가까워지고 있다고 동생은 울먹이며 말합니다. 동생에게 아르바이트를 그만두라고 말하고 싶지만 그게 쉽지 않습니다. 아르바이트를 해야만 생활할 수 있기 때문입니다. 동생과 나는 어떻게 해야 할까요?

# 이스라엘과 팔레스타인

Israel Palestine

## 예루살렘의
## 오늘

이제부터 나와 함께 성지로 순례의 길을 떠나보겠습니다. 성지란 세계 4대 종교 가운데 세 종교가 연관된 곳으로 기독교와 유대교의 발상지입니다. 기독교는 이스라엘 땅에서 시작됐고 창시자는 예수 그리스도입니다. 예수와 12명의 제자들, 초기 기독교인들은 대부분 유대인들이었습니다. 그리고 기독교가 모태로 삼는 유대교는 이스라엘 민족이 이집트에서 탈출해 정착했던 광야, 가나안 땅을 발상지로 삼고 있습니다. 뿐만 아니라 이슬람교 창시자 모하메드가 승천한 성지로 이슬람교도, 즉 무슬림이 숭배하는 곳이 바로 예루살렘입니다.

나는 개인적으로 이스라엘과 인연이 깊습니다. 어릴 때 기독교인으로 자란 연유도 있지만 취재차 방문한 것까지 더해 모두 여섯 차례 이스라엘에 다녀왔기 때문입니다. 심지어 1996년에는 이스라엘 집단농장인 '키부츠'에서 자원봉사 대장으로 유대인들과 반년 동안 일한 적도 있습니다.

처음 이스라엘에 방문했을 때는 1994년 여름이었습니다. 예루살렘 구도심은 유대, 아랍, 기독교, 아르메니아 네 구역으로 나뉘어져 있습니다. 나는 기독교 구역에서 아랍 사람이 주인인 스튜디오를 빌려 두 달을 살았습니다. 집주인은 나에게 유대인들이 총과 칼로 자기 가족을 죽이고 집과 땅을 빼앗았다고 분을 참지 못하고 언성을 높인 적이 있습니다. "탱크로 우리 무슬림들을 억압하는 유대인들을 보라! 이들은 우리 땅을 무력으로 정복한 야만인들이다!" 이것이 팔레스타인 사람과의 첫 대면이었습니다. 무슬림인 집주인의 부인은 집에 있을 때도 언제나 스카프를 둘러쓰고 있었습니다. 정원에서 나와 마주칠 때면 언제나 유대인들을 저주하는 말을 내뱉었습니다.

● 팔레스타인인은 유대인? 아랍인?

팔레스타인은 고대부터 사용된 말로 지금의 이스라엘과 요르단강 서안, 가자 지구를 뜻하는 말입니다. 고대 때 팔레스타인 사람이라 하면 주로 이스라엘 사람(유대인)을 의미했는데, 2000년이 흐른 지금은 팔레스타인 땅에 사는 아랍인들을 의미하는 말로 바뀌었습니다.

하루는 집주인과 십 대 후반 아들이 요르단 수도인 암만으로 다른 가족들을 만나러 나서기 전, 나를 불러 집안 내력에 대한 이야기를 잠시 들려주었습니다. 집주인 가족은 1967년에 일어난 '6일 전쟁'으로 뿔뿔이 흩어지게 되었다고 합니다. 6일 전쟁 전에 예루살렘은 요르단 영토의 한 부분으로, 요르단 정부가 관할하고 있었습니다. 그러나 요르단이 6일 전쟁에서 패하면서 예루살렘 전체가 이스라엘 관할로 바뀌었고, 동시에 아랍인들도 이스라엘의 통치를 받기 시작했습니다. 집주인 가족들이 뿔뿔이 흩어진 시점도 바로 이때였다고 합니다.

집주인 가족처럼 이스라엘 땅에 사는 팔레스타인 아랍 민족은 전쟁으로 난민이 되어 살아왔습니다. 1948년 팔레스타인 전쟁, 1967년 6일 전쟁, 1973년 욤키푸르 전쟁을 비롯해 수많은 전쟁들이 팔레스타인 땅에서 벌어졌습니다. 전쟁이 터질 때마다 팔레스타인 사람들은 계속 삶의 터전을 떠나 난민으로 전락해 다른 나라로 흩어지게 되었습니다. 요르단 인구 절반 이상을 팔레스타인 난민들이 차지하는 이유도 바로 이 때문입니다.


## 분쟁의 시작과 충돌

유대 민족의 역사를 잠시 얘기하고 넘어가겠습니다. 성서에는

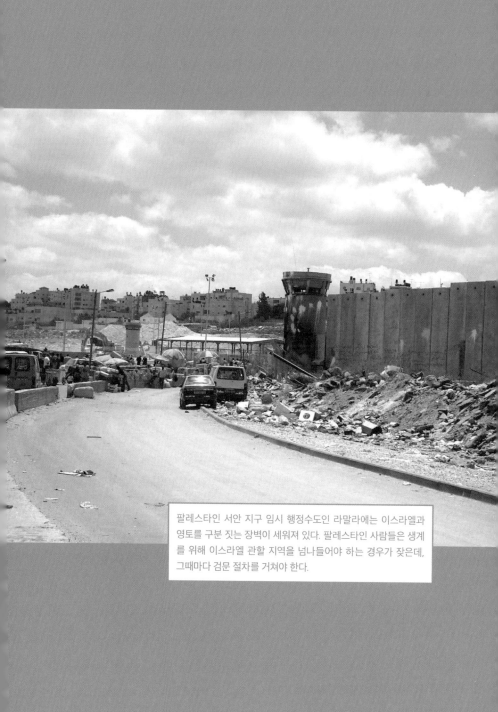

팔레스타인 서안 지구 임시 행정수도인 라말라에는 이스라엘과
영토를 구분 짓는 장벽이 세워져 있다. 팔레스타인 사람들은 생계
를 위해 이스라엘 관할 지역을 넘나들어야 하는 경우가 잦은데,
그때마다 검문 절차를 거쳐야 한다.

이집트에서 노예로 살다가 광야로 탈출해 나온 히브리 민족에 대한 이야기가 상세하게 서술되어 있습니다. 당시 히브리 민족은 이집트와 전쟁을 피해 자유와 안전을 찾아 광야로 나온 난민들이었습니다. 수백만 명이나 되는 민족 전체가 예정된 안식처도 없이 광야로 나온 것입니다. 뒤에는 이집트군이 기다리고 있어 돌아갈 수도 없고, 먹을 것도 마실 물도 없는 광야에서 힘겨운 난민의 삶을 살았습니다. 당시 지도자였던 모세는 이스라엘 민족을 '젖과 꿀이 흐르는 가나안 땅'으로 인도한다고 했지만 여정은 너무도 힘들었습니다. 먹을 것, 마실 것이 부족해 이스라엘 민족이 불만을 터뜨릴 때마다 요구하는 것들을 주면서 달래야 했습니다.

그러나 모세는 가나안 땅으로 들어가는 것을 포기하고 40년을 광야에서 방황하다가 죽었습니다. 가나안 땅 토착민들

● **이스라엘 민족과 필리스틴**

성서에서 유명한 장사 삼손과 그를 배반한 아내 데릴라 이야기는 현재 팔레스타인 무장단체 하마스가 지배하고 있는 가자 지구를 지리적인 배경으로 삼고 있습니다. 삼손은 히브리 민족 자손이고 데릴라는 '필리스틴' 지역 출신으로 가자 지역 토착민의 딸이었습니다. 팔레스타인 사람들은 자신들이 수천 년 동안 그곳에서 살아온 필리스틴 지역 토착민이라 주장하지만, 유대인들은 팔레스타인 민족이 사우디아라비아에서 이주해 온 아랍인들이라고 합니다. 사실상 분쟁 중에는 전쟁에서 승리하기 위해 많은 역사적 사실들이 왜곡됩니다. 전쟁에서 진 민족은 생존이 위태로워질 뿐만 아니라 그 역사가 사라질 위기에 처하기 때문입니다.

이 두려웠기 때문입니다. 거대한 포도 한 송이, 그리고 그걸 짊어지고 가는 건장한 두 남자의 모습을 보고 두려움에 질린 스파이들이 이 사실을 과장해서 보고했던 것입니다. 그렇게 이스라엘 민족은 가나안 땅으로 가는 행진을 포기하게 됩니다. 모세가 죽은 뒤, 40년 전 당시 가나안 땅으로 들어갈 것을 용감하게 주장하던 여호수아와 갈렙이 이스라엘 민족을 이끌고 다시 가나안 땅으로 들어갑니다. 가나안 땅 입구에 위치한 '예리코' 성을 시작으로 성과 마을들이 하나씩 무너지면서 마침내 가나안 땅은 이스라엘 민족에 의해 정복되어버립니다. 토착민들과 이스라엘 민족의 갈등은 여기서부터 시작됩니다.

세계 현대사에서 비극으로 꼽는 이스라엘과 팔레스타인 충돌의 기원에 대해 좀 더 깊이 있게 들어가보겠습니다. 중동을 실질적으로 지배한 국가는 오스만제국으로 1차 세계대전에서 패배하기 전까지 400년 동안 팔레스타인 땅을 지배했습니다. 예루살렘 역사를 보면 1517년에서 1917년까지 정확하게 400년 동안 오스만제국이 지배했습니다. 20세기 들어 중동을 지배하던 오스만제국이 붕괴하면서 지배권은 대영제국(영국)과 프랑스로 넘어가게 됩니다.

영국은 1917년부터 1947년까지 30년간 팔레스타인을 위임통치하면서 유대 민족과 아랍 민족 사이에서 중립적인 입장을 지키기 위해 노력했지만, 사실상 어느 민족도 만족시키지 못합니다. 유대 민족은 유대 민족대로, 아랍 민족은 아랍 민족대로 국가를 건설하기 위해 끊임없이 충돌하면서 팔레스타인 지역은 혼란한 세월이 지속됩니다. 유대 민족은 유럽 전역에서 히틀러와 나치에 의해 홀로코스트를 당하고 있었기에 팔레스타인 땅에서의 국가 건설은 민족의 사활을 건 투쟁이 됩니다.

2005년 여름, 나는 예루살렘에서 당시 60대 중반이던 미국 출신 유대인과 인터뷰를 한 적 있습니다. 이름은 엘리자베트로, 그녀는 히틀러에 의해 완전히 뒤바뀐 인생사를 토로했습니다. 독일에서 태어나 두 살이 되었을 때 그녀의 부모는 모두 유대인 수용소로 끌려갔다고 합니다. 삼촌이 가까스로 그녀를 데리고 영국으로 탈출했고 나중에는 미국으로 갔습니다. 미국에 살면서도 삼촌은 히틀러가 미국까지 쫓아와 유대인들을 모두 죽일지도 모른다는 두려움에 아예 이름을 미국식으로 바꾼 뒤 유대인들과는 접촉도 하지 않은 채 살았다고 합니다.

● **홀로코스트(유대인 대학살)**

2차 세계대전 중 히틀러와 나치에 의해 600만 명의 유대인들이 학살당한 사건을 홀로코스트라고 합니다. 히틀러가 저지른 유대인 학살은 우리가 상상하기 힘들 정도로 무자비했고 처참했습니다. 히틀러와 독일 나치당은 아예 유대 민족 전체를 말살시키려 했습니다. 유대인이라면 누구나 잡아들여 수용소로 끌고 가서는 잔학한 방법으로 살해했습니다. 당시 유대인들을 학살한 수용소는 그대로 남아 그때를 생생하게 증언하고 있습니다. 대표적인 장소로는 아우슈비츠 수용소가 있습니다.

영국이 통치자로 들어오기 전 중동을 다스리고 있던 오스만제국은 이슬람제국을 표방하여, 그곳의 이슬람교도(아랍인)들은 민족국가라는 개념 없이 살고 있었습니다. 당시 팔레스타인 땅에는 소수 유대 민족과 다수 아랍인이 부족 단위로 살면서 농업이나 목축에 종사하고 있었습니다. 그런데 19세기 말부터 유럽에서 박해받으며 살던 유대 민족은 조상들이 살았던 성지로 돌아가 국가를 건설하자는 시온주의(시오니즘) 사상을 갖기 시작합니다. 러시아와 동유럽에서 팔레스타인으로 이민해 온 유대인들은 아랍인들로부터 정착지를 사들여 곳곳에 키부츠라는 농업 공동체를 건설했습니다. 버려진 불모지나 늪지들을 헐값에 매입해 개척하면서 농경지를 넓혀갔습니다.

유대 민족의 시온주의 운동에 불안을 느낀 아랍 민족은 1936년 영국 통치에 반대하는 동시에, 유대 민족의 무분별한 토지 매입과 이민 역시 반대하며 대규모 파업과 무장봉기를 일으키게 됩니다. 아랍 민족의 봉기는 3년에 걸쳐 계속되었으며 팔

● **시온주의**

세계 전 지역에 흩어져 살던 유대인들이 조상들의 땅인 팔레스타인에 유대 민족국가를 건설하자며 벌인 운동입니다. 당시 유대인들의 시온주의 운동을 관찰해오던 유대인 출신 유럽 최대 거부 로쓰차일드가 거액을 기부하면서 시온주의 운동은 본격적인 궤도에 오르게 됩니다. 그리고 1917년에는 당시 영국 외무장관이던 발포어까지 나서서 유대 민족국가 건설에 영국 정부가 지원하겠다는 선언을 하면서 시온주의 운동은 새로운 장을 맞게 됩니다.

레스타인은 내전의 소용돌이에 휩싸였습니다. 그러나 봉기 결과는 기대한 만큼 성공적이지 못했습니다. 봉기 중 영국군에 무기를 포함한 군수물자를 압수당했으며 많은 사상자가 발생하면서 전투 역량에 손실을 가져왔습니다. 또한 파업을 하면서 많은 아랍 인구가 실업자로 전락하게 되어 경제적 어려움까지 겪게 되었습니다. 결과적으로 봉기가 실패로 돌아가면서 아랍 지도부는 분열과 내분에 휩싸여 아랍 민족의 역량은 전반적으로 약화됩니다.

반면에 유대인들은 아랍 민족이 봉기로 혼란한 사이 더 많은 영토를 매입했고 아랍 민족의 파업을 계기로 유대인 실업자들을 고용하면서 실업 문제를 해결했습니다. 무엇보다도 당시 분열되어 있던 유대 민족의 무장조직들이 아랍 민족의 봉기를 계기로 하나로 통합하게 되었습니다. 결과적으로 유대 민족은 아랍 민족과 전쟁을 치르면서 영토와 세력을 넓혀갔습니다.

1945년에 2차 세계대전이 끝나고 유럽에 있던 난민들이 고국으로 귀환하면서 난민 문제가 끝나는 듯 보였습니다. 하지만 난민 문제는 중동에서 다시 터지기 시작했습니다. 영국 통치 아래 있던 유대 민족과 아랍 민족은 영토를 조금이라도 더 확보하기 위해 계속 충돌했습니다. 두 민족 사이 무력 충돌은 결국 더 많은 난민을 만들어내는 결과를 가져왔습니다. 아랍 난민들은 1948년 아랍-이스라엘 전쟁 이전부터 계속 양산되어왔습니다.

이스라엘 영역
팔레스타인 영역

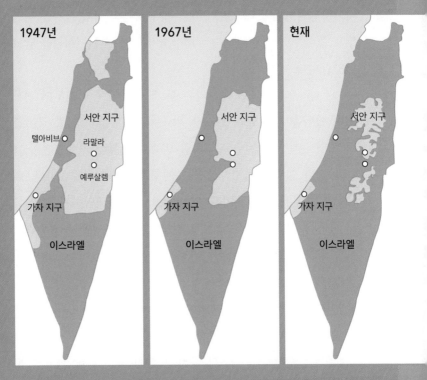

1947년

서안 지구
텔아비브
라말라
예루살렘
가자 지구
이스라엘

1967년

서안 지구

가자 지구
이스라엘

현재

서안 지구

가자 지구
이스라엘

약 100년 전부터 지속된 이스라엘과 팔레스타인 사이
영토 분쟁은 여전히 계속되고 있다.

# 국가 건설의 계획과 실패

1947년 11월 29일 유엔총회는 팔레스타인 땅에서 이루어질 두 개의 국가 건설에 관한 계획인 유엔 결의안 181조를 통과시켰습니다. 이 결의안은 팔레스타인 땅을 유대 국가와 아랍 국가를 위한 영토로 나누며 예루살렘은 국제사회가 통제한다는 계획을 담고 있었습니다.

유대 국가와 아랍 국가라는 두 개 국가안은 이전부터 계획되어 있었습니다. 물론 1917년 '발포어 선언' 당시 아랍 국가를 위한 영토는 없었습니다만, 아랍 민족의 저항이 거세지면서 그들을 위한 영토를 마련해준다는 계획으로 수정되었습니다. 처음에는 대부분 유대 국가를 위한 땅으로 계획되었다가 점차 아랍 국가를 위한 구획을 넓혀간 것입니다. 1947년에 들어오면서 아랍 국가 영토와 유대 국가 영토는 거의 비슷한 비율로 분할되었습니다. 그러나 이마저도 아랍 측에서는 받아들이기를 거절했습니다. 간단하게 말하자면, 중동 땅에서 유대 국가를 인정할수 없다는 것이 아랍 리그 측 입장이었습니다.

이날 총회에서는 33개 국가의 찬성과 13개 국가의 반대, 10개 국가의 기권으로 유엔 결의안이 통과되었습니다. 유엔 결의안이 통과되면서 유대 민족국가가 건설될 수 있는 길이 열린 것입니다. 유대 민족은 유엔 결의안이 통과되자마자 축제 분위기에 휩싸였고, 예루살렘과 텔아비브 거리는 밤새도록 춤을 추는 유대인들로 인산인해를 이루었습니다. 2000년 이상 나라 없이 박해당하면서 전 세계를 방랑하다 나라를 세울 수 있는 희망이 생겼으니 그 기쁨이야 오죽했겠습니까.

반면에 아랍 리그 측은 결의안이 통과되면 전쟁은 피할 수 없으며, 중동 국가들에 살고 있는 유대 민족의 안전 역시 보장할 수 없다는 엄포를 놓았습니다. 그들은 결의안이 통과되자 곧바로 회의장을 박차고 나가버렸습니다. 여기서 당시 대립하고 있던 미국과 소비에트연방이 함께 결의안을 승인했다는 사실에 주목해야 합니다. 더욱이 당시 소련은 가장 먼저 이스라엘 건국을 승인한 나라였습니다. 당연히 미국과 소련 영향력 아래 있던 국가들은 모두 유엔 결의안에 찬성했습니다.

당시 국제 정세상 어려움은 있었겠지만, 팔레스타인 사람들도 국가를 건설할 수 있는 기회가 있었던 것입니다. 하지만 아랍 리그에 속한 국가들(이집트, 이라크, 요르단, 레바논, 사우디아라비아, 시리아)은 팔레스타인에 살고 있는 아랍 사람들의 입장이나 의사는 전혀 고려하지 않고 그 기회를 차버렸습니다. 그들은 팔레스타인 땅에서는 오직 아랍 민족의 국가 건설만이 정당하며, 유대 민족의 국가 건설은 절대로 용납할 수 없다는 입장을 고수했습니다. 결국 팔레스타인 사람들을 난민으로 만든 건 강대국들과 더불어 이스라엘과 아랍 리그 국가들입니다. 그때부터 팔레스타인 땅에 살던 아랍인들은 난민이 되어 중동 국가들로 뿔뿔이 흩어지게 되었습니다. 오늘날 대다수 사람들은 당시 아랍 리그 국가들이 팔레스타인 사람들을 난민으로 만든 데 책임이 있다는 사실을 모르고 있습니다.

당시 리그에 속했던 중동 국가들은 팔레스타인 난민들을 제대로 도운 적이 없습니다. 그들은 팔레스타인 난민들을 외면하다시피 했다고 볼 수 있습니다. 요르단을 제외하고는 팔레스타인 난민을 합법적인 자국민으로 받아들인 중동 국가는 없으며, 그들을 계속 난민으로 살도록 내버려두었습니다. 이들 국가는 난민들에게 국적을 부여하면 팔레스타인 땅으로 돌아갈 의지가 약해진다는 논리로 변명하고 있습니다. 이들은 팔레스타인 난민들을 제대로 먹여 살린 적도 없습니다. 보고서를 살펴보면 팔레스타인 난민들을 위한 아랍 세계 기부금은 전체 기부금에서 3퍼센트를 넘지 않고 있습니다. 팔레스타인 난민들을 정치적으로 이용만 해왔다는 결론을 내릴 수밖에 없습니다.

영국의 통치가 끝난 1948년 5월 14일, 이스라엘은 건국을 선포합니다. 유대 민족의 건국이 선포된 날, 유대인들은 밤을 지새우면서 수천 년 만의 건국을 축하하는 축제를 벌입니다. 그러나 다음 날 5월 15일, 아랍 리그에 속한 국가들이 전쟁을 선포하면서 곧바로 아랍-이스라엘 전쟁이 발발합니다. 전쟁은 건국에 사활을 걸었던 유대 민족국가인 이스라엘의 승리로 끝나게 됩니다. 전쟁이 끝나면서 이스라엘은 더 많은 영토를 확보했고, 이집트는 가자 지구를, 요르단은 서안 지구를 점령했습니다.

전쟁은 승자가 누구든지 간에 반드시 난민을 만들기 마련입니다. 이스라엘과 아랍 국가들의 전쟁은 70만 명에 달하는 팔레스타인 아랍인들을 난민으로 만들었습니다. 팔레스타인 아랍 난민들은 삶의 터전을 잃고 레바논과 요르단, 시리아로 피난을 떠났습니다. 또한 아랍 국가에 살면서 목숨이 위태로워진 50만 명의 유대인들도 난민이 되어 이스라엘로 들어왔습니다. 유럽에서 살아남은 유대인 난민들까지 이스라엘로 유입되면서 이스라엘은 100만 명의 난민들로 북적거리기 시작했습니다. 그러나 외국에 사는 유대인들의 지원과 이스라엘 정부의 지원, 유대인 사회의 적극적인 흡수 노력이 더해지면서 혼란스럽던 유대인 난민 문제는 서서히 해결되어갔습니다.

반면 팔레스타인 아랍 난민들은 중동 국가들로 흩어지고, 이스라엘의 서안 지구나 가자 지구에 남으면서 국제적으로 심

● **나크바**

아랍-이스라엘 전쟁으로 약 70만 명의 팔레스타인 아랍인들이 난민이 된 재앙적인 사건을 '나크바'라고 합니다. 아랍-이스라엘 전쟁이 발발한 1948년 5월 15일을 팔레스타인 아랍 민족은 매년 '나크바 데이'로 기념하고 있습니다. 땅과 집을 잃고 아랍 국가들로 피난을 떠났던 날을 되새기면서 팔레스타인 땅에서 이스라엘을 몰아내고 고향으로 되돌아갈 결의를 다지는 날입니다.

2019년 10월, 팔레스타인 가자 지구 최남단에 위치한 라파 난민 촌의 모습이다. 가자 지구는 전쟁으로 폐허가 된 동쪽 난민촌과 하마스 세력 및 부유층이 살고 있는 서쪽 지역으로 나뉘어 양극 화가 계속되고 있다.  © Abed Rahim Khatib

각한 난민 사태의 주인공이 됩니다. 난민의 가장 큰 문제는 생존으로, 비바람을 막을 피난처와 음식이 무엇보다 필요합니다. 1949년에 유엔은 '유엔팔레스타인난민기구(UNRWA)'를 만들어 지금까지 팔레스타인 난민들을 돌보고 있습니다.

1948년 아랍-이스라엘 전쟁의 결과를 보면, 이스라엘은 유엔 결의안으로 입지를 확고히 다지면서 더 많은 영토를 획득했으며, 이집트는 가자 지구를, 요르단은 서안 지구와 예루살렘을 점령했습니다. 이에 반해 수십만 명의 팔레스타인 아랍 사람들은 난민 신세로 전락하게 되었습니다. 사실상 아랍-이스라엘 전쟁에서 최대 희생자는 팔레스타인 아랍 민족입니다.

중동의 안정과 평화를 위해서는 이스라엘과 팔레스타인 사이에 평화협정이 체결되고, 팔레스타인에 아랍 민족국가가 건설되는 것이 중요합니다. 그러나 협상만 했을 뿐 진전은 거의 없이 세월만 흐르고 있습니다. 그럼에도 협상을 통해 몇 가지 쟁점이 도출된 것이 결실이라면 결실입니다.

먼저 이스라엘과 팔레스타인 사이 국경선을 긋는 문제입니다. 이스라엘과 팔레스타인 양측에서 동의하는 선은 1949년 휴전 때 동의했던 국경선으로, 1967년 6일 전쟁 이전의 영토로 돌아가자는 데 동의한 바 있습니다. 이스라엘 정부와 팔레스타인 자치정부에서는 동의했지만, 이스라엘 내부에서 쟁점이 되면서 협상이 어려워졌습니다. 서안 지구에 건설된 정착촌 문제로, 이스라엘 극단주의자들은 정착촌을 모두 이스라엘 영토로 편입해야 한다는 주장을 하고 있습니다.

또 다른 하나는 예루살렘과 관련된 문제로, 팔레스타인 측이 예루살렘을 수도로 정할 것이라고 예고하면서 쟁점이 되고 있습니다. 예루살렘에 대한 문제는 두 민족 사이의 협상을 통해서는 해결이 불가능한 쟁점입니다. 영국에서도 이 때문에 예루살렘을 국제사회 관할로 둔다고 했었습니다. 그리고 서안 지구와 요르단을 연결하는 통로를 보안상 이유로 이스라엘군이 통제하는 문제가 또 다른 쟁점이 됩니다. 이스라엘은 영구적인 주둔을 원하지만 팔레스타인 측은 반대하고 있습니다.

네 번째 쟁점은 300만 명 팔레스타인 난민의 귀환을 보장하라는 팔레스타인 자치정부의 요구입니다. 이스라엘 정부는 그렇게 되면 이스라엘의 존립 자체가 문제가 될 것이라면서 난민의 전면적 귀환은 허용할 수 없다고 했습니다. 단지 소수의 상징적 숫자만을 허용할 것이란 입장입니다. 다섯 번째 쟁점은 팔레스타인이 유대 민족국가를 인정하라는 내용입니다. 팔레스타인은 그것은 이스라엘 측 문제라 하며 거부해왔습니다. 지금도 아랍 세계에서는 이스라엘을 국가로 인정하지 않으며 지도상에도 이스라엘을 표기하지 않고 있습니다.

서안 지구를 통치하고 있는 팔레스타인 자치정부는 최근 들어서 국가 건설을 서두르고 있으며, 유엔을 통한 외교적 노력을 한층 강화하고 있습니다. 팔레스타인 자치정부에서 추진하는 팔레스타인 국가 건설은 현재 국제사회에서 대부분 인정받고 있어 곧 국가 수립도 가능할 것으로 보입니다. 반면 이스라엘을 비롯해 국제사회에서 테러리스트 단체로 여기는 하마스가 지배하고 있는 가자 지구는 이스라엘과의 무장투쟁 노선을 포기하지 않고 있습니다. 이 때문에 가자 지구와 맞닿은 이집트 국경은 이스라엘에서 폐쇄한 상태이며, 가자 지구는 이스라엘의 철저한 통제 아래 바깥 세계와는 거의 차단된 상태로 지내고 있습니다.

1949년 설립된 유엔팔레스타인난민기구를 통해 세계는 지금까지 팔레스타인 난민들을 보살펴왔습니다. 천막들로 시작된 난민촌은 세월이 흘러 콘크리트 벽돌로 쌓아올린 건물들이 들어서면서 작은 도시로 변모했습니다. 처음에 난민들은 몇 달 안에 고국으로 돌아간다고 생각했지만, 시간이 지체되면서 거의 70년이 지나갔습니다. 현재 팔레스타인 난민은 3세대에 이르고 있으며 그 수는 500만 명에 달합니다. 유엔 통계에 따르면 가자 지구에 120만, 서안 지구에 75만, 요르단에 200만, 시리아에 50만, 레바논에 50만 명가량의 팔레스타인 난민들이 살고 있습니다.

## 나는 검문소를 지키는
## 이스라엘 군인이다

내 이름은 이삭이며 나이는 스무 살이다. 대학에 다니다가 휴학
을 하고 32개월간 군 생활을 하기 위해 입대했다. 대학을 끝내고
나보다 어린 친구들과 군 생활을 하는 것보다, 가능한 한 빨리
군대에 다녀온 뒤 학업에 매진하는 게 낫겠다는 생각에서다. 내
가 배치받은 곳은 칼란디아 체크포인트(검문소)이다. 이곳은 팔
레스타인 자치정부가 수립돼 있는 라말라와 예루살렘 간 통행
을 관리하는 지점이어서 이스라엘 정부로서는 가장 중요한 현
장이다. 특히 팔레스타인 사람들은 주로 이 근방에서 시위를 벌
여 가장 위험성이 높은 곳 가운데 하나로 꼽히기도 한다.

　　나는 유대인이며, 태어나고 자란 곳은 영국 런던 서부 지역
이다. 유대인들이 모여 사는 곳에서 초등학교를 다니다 가족들
과 함께 이스라엘로 이민을 왔다. 이스라엘에서는 중고등학교
를 다녔고 지금은 대학에 재학 중이다. 나는 팔레스타인 사람들
에 대해서 호감까지는 아니더라도 동정심은 갖고 있다. 이들도

같은 사람으로 동등한 대우를 받으며 살아야 한다고 생각한다. 학교를 다니면서 팔레스타인 사람들을 지원하는 시민단체의 소식지도 관심을 가지고 읽어왔다.

물론 군대에 와서는 그런 의식이 많이 약해졌다. 무엇보다 나도 이들에 의해 언제라도 죽을 수 있겠다는 생각이 들기 시작했기 때문이다. 팔레스타인 사람들은 대부분 위협적이지 않지만 간혹 폭력적인 사람들이 등장한다. 총은 통제되어 칼을 들고 다니면서 병사들을 공격하는 사건이 한 번씩 벌어진다. 체크포인트 현장에서 직접 팔레스타인 사람들을 대하다 보니 나 역시 조심스러워지기 시작했다.

나는 팔레스타인 사람들이 적절한 서류를 갖고 있으면 통과시켜주고 아니면 정지시키거나 돌려보내는 일을 한다. 팔레스타인 사람들 눈에는 내가 막강한 권한을 행사하는 것처럼 보일 수 있지만, 모든 일은 규정에 따라 진행된다. 금요일에 알악사 사원(예루살렘의 황금바위 돔)으로 기도를 하러 가는 사람들은 대부분 통과된다. 물론 위험한 인물로 간주되면 개인 면담과 소지품 검사를 실행한다.

평일에는 이른 아침 출근길이 항상 문제다. 수백 명이 한꺼번에 몰리기 때문에 언제든지 불상사가 일어날 수 있다. 이스라엘 내에서 테러 사건, 특히 자살 폭탄 테러가 일어나게 되면 게이트는 닫힌다. 그러면 체크포인트에는 비상 명령이 내려오고 누구도 통과시키지 않는다. 이런 비상 상황은 언제나 예고 없이 일어난다.

하루는 이스라엘 내에서 자살 폭탄 테러가 발생했다는 소식이 전해졌다. 이른 아침부터 누구도 통과시키지 말라는 명령이 떨어졌다. 난감한 상황이다. 출근길을 막고 싶지 않아도 상부에서 명령이 내려오면 어쩔 수 없다. 수백 명이 줄을 서서 기다리지만 언제 통과할 수 있을지 아무도 모른다. 이때가 가장 위험하다. 예기치 않은 상황이 발생할 확률이 높다. 수백 명이 줄을 서서 두 시간째 기다리고 있는 모습을 보니 한편으로는 측은한 마음이 든다. 왜 이 사람들을 통제하고 있는지 스스로도 이해가 되지 않을 때가 있다.

곧 CNN 뉴스 차량이 보였고 기자 2명이 내렸다. 우리에게 기자증과 이스라엘 정부에서 발행한 신분증을 보여줬다. 미국인과 한국인이었다. 한국인 기자는 기다리는 사람들에게 몇몇 질문을 던졌고, 미국인은 카메라를 들고 여기저기 돌아다녔다. 체크포인트 상황을 취재하러 온 것 같았다. 이들에게 신경 쓸 틈이 없었다. 외국인 기자들이 오면 상황 통제가 어려워진다. 이들을 보면 팔레스타인 사람들은 물 만난 고기처럼 갑자기 저항하기 시작한다. 나는 이런 상황을 많이 경험했다. 순간 무슨 일이 벌어질 거라는 예감이 강하게 들었다.

역시나 기다렸다는 듯이, 그때까지 조용히 기다리던 팔레스타인 사람들이 줄 밖으로 나와 우리에게 다가오고 있었다. 우리 병사들은 기껏해야 7명이 전부인데 큰일이었다. 우리가 완전 무장 상태이기는 해도 저들은 수백 명이었다. 수적으로 너무 열세인 상황이었다. 기다리던 줄로 돌아가라고 고함을 질러도 가지 않았다. 급히 상부에 무전을 쳐서 지원을 요청했다. 무전을 치는데 팔레스타인 청년 한 명이 노인을 데려와 영어와 아랍어로 된 서류를 보여주면서 소리쳤다. 예루살렘 병원에 부친을 모시고 가야 한다면서 쏠 테면 쏘라는 식으로 나왔다. 우리는 상황이 심각하게 돌아간다는 사실을 직감했다. 모두들 경계태세에 들어갔다. 법원에서 가져온 서류였는데 동료 가운데 한 명이 무전으로 보고하니 통과시키라는 명령이 내려왔다. 두 사람은 통과되었다.

그러자 다른 사람들이 와서는 자기들도 통과시켜달라고 간청하기 시작했다. 곧 내 앞으로 지팡이를 짚은 거동이 불편한 노인이 다가와 통과시켜달라고 사정했다. 꼭 지나가야 한다고 말하는 그의 눈을 보자 갑자기 가슴이 아파 오면서 눈물이 왈칵 솟아올랐다. 상부에서 명령을 어겼다고 나를 감옥에 보낸다면 기꺼이 가겠다는 각오와 함께 노인을 통과시켰다. 노인은 급하게 지팡이를 짚으며 체크포인트를 통과했다. 그러자 모두들 나에게 다가오기 시작했다. 갑자기 위험에 처했다는 느낌이 강하게 들었다. 사람들이 몰려오는 것을 막아야 했다. 나는 가스탄을 뽑아 던졌다. 순식간에 가스가 주변으로 퍼졌다. 나는 코와 입을 막았다. 사람들이 서안 지구 방향으로 달아나는 모습이 보였다. 팔레스타인 사람들은 겁에 질려 있었다. 아마도 그들은 우리가 가스탄 다음에 소총을 발사할지도 모른다는 공포심을 갖고 있는 것 같았다.

달릴 수 없는 노인 한 명이 땅에 주저앉아 소리 내어 울고 있는 모습이 보였다. 가슴이 철렁 내려앉았다. 하지만 독해져야 한다고 마음먹었다. 노인에게 빨리 돌아가라고 고함을 질러댔다. 어린아이를 안고 있던 40대 중년 남자는 한국인 기자 옆으로 갔지만 그곳 역시 가스가 많이 번져 있었다. 사람들이 물러가자 일단 상황은 조금씩 안정되는 듯 보였다. 상부에 무전으로 보고하니 게이트를 열어주라는 명령이 내려왔다.

진작 열어줬으면 아무 일도 없었을 텐데! 매사가 항상 이런 식이었다. 많은 사람들이 충돌하고 위험에 처한 후에야 게이트를 열어주는 일이 반복되어오고 있다. 이런 일을 겪을 때마다 너무 화가 난다. 가난한 사람들을 향해 총구를 겨누고 힘을 보여주는 일이 군에서는 일상이 되고 있다. 팔레스타인 사람들을 왜 이렇게 대해야 하는지 정부에 묻고 또 묻고 싶다!

나는 팔레스타인 사람들과 평화롭게 살고 싶다. 평화를 위해서는 힘 있는 이스라엘이 좀 더 양보하고 너그러워지면 어떨까. 대부분 군 지휘관 출신인 이스라엘 정치인들은 팔레스타인 사람들에게 이스라엘의 힘을 보여줘야 말을 듣는다고 생각한다. 물론 아랍 세계 전체가 공공연하게 이스라엘을 지도에서 지워버려야 한다고 말하는 사실을 나는 알고 있다. 팔레스타인 사람들 중에도 그런 말을 하는 사람이 있다. 하지만 이곳을 통과하는 가난한 팔레스타인 사람들은 이스라엘로 가서 돈을 벌어야 먹고살 수 있다. 최소한 이들을 먹고살 수 있게 도와주는 것이야말로 평화를 위한 첫걸음이 아닐까. 그 변화는 바로 여기 체크포인트 현장에서 시작되어야 한다고 생각한다.

● **체크포인트에서의 변화**

병사 이삭이 제대한 후, 계속되는 안전 문제를 해소하고자 체크포인트에 건물을 지어 병사들과 팔레스타인 사람들을 분리해놓았다고 합니다. 2019년 2월부터는 체크포인트를 통과하는 시스템이 완전히 바뀌어, 지하철역처럼 스마트 ID카드를 기계에 대면 자동으로 문이 열리는 방식으로 지나다니게 되었습니다. 체크포인트를 통과하는 데 걸리는 시간은 단 5분에서 10분 정도라고 합니다. 그동안 이스라엘 병사들과 팔레스타인 사람들 사이에 벌어졌던 불필요한 충돌은 많이 줄어들었습니다. 그러나 여전히 체크포인트에서는 연이어 크고 작은 사건들이 발생하고 있습니다.

## 열여덟 살 슈퍼스타들이 뭉쳤다

영화 〈슈퍼스타〉는 어느 날 갑자기 출국명령서를 받아 한국을 떠나야 하는 이란 출신 난민 학생 이야기를 담고 있습니다. 일곱 살에 한국에 온 그는 가톨릭으로 개종해, 이슬람 국가인 이란으로 돌아가면 종교적 박해를 받게 됩니다. 영화는 주인공을 연기한 배우 김민혁 군의 이야기를 모티브로 하고 있습니다. 영화감독과 배우는 열여덟 살 동갑내기입니다. 감독 이태양 군은 가수 이한철이 부른 노래 〈슈퍼스타〉에 나오는 가사처럼 김민혁 군에게 '잘될 거다'라는 메시지를 전달하고 싶어 영화 〈슈퍼스타〉를 만들었습니다.

2018년 10월, 난민 신청 2년 만에 김민혁 군은 한국에서 난민으로 인정되었습니다. 당시 김민혁 군의 중학교 친구들은 그의 난민 인정을 위해 청와대에 국민 청원을 넣고, 함께 시위를 하며 힘을 보태주었습니다. 현재 김민혁 군의 아버지는 난민 인정을 받지 못한 상태로, 친구들은 다시 한번 함께 입장문을 만들고, 서울출입국외국인청 별관 앞에서 시위를 하며 힘을 보태고 있습니다. (편집자 주: 2021년 6월, 김민혁 군 아버지는 행정소송에서 승소하여 비로소 난민 지위를 인정받았습니다.)

이스라엘과 팔레스타인

## 잠시 여행을 떠났는데
## 우리나라에 전쟁이 일어난다면?

잠을 자고 있는데 갑자기 부모님이 얼른 일어나 짐을 챙기라고 합니다. 3월이지만 아직 이른 새벽이라 공기가 차갑습니다. 시계를 보니 새벽 5시가 조금 넘었고, 창밖은 아직 어둡습니다. 지난해부터 우리나라와 이웃 나라 사이가 점점 나빠지고 있다는 뉴스를 자주 접했는데, 며칠 전부터는 위험 수위에 가까워지고 있다는 이야기가 들려왔습니다. 식사 자리에서 부모님은 걱정 섞인 말들을 주고받았고, 친구들은 당장 하굣길에 포탄이 떨어지면 어떻게 되는 거냐며 장난 섞인 불안감을 드러내던 중이었습니다. 부모님은 정신없이 짐을 챙기며 곧 다시 올테니 중요한 물건들만 가져가자고 합니다. 나는 친구들에게 급하게 메시지를 보내고, 짐을 챙기기 시작했습니다. 얼마 뒤 한 친구에게 답장이 왔습니다. 친구네도 떠날 채비를 하고 있다고 합니다.

전쟁처럼 불안한 사회 상황으로 집을 떠났다 영영 돌아가지 못하는 사람들이 있습니다. 생활의 작은 부분부터 완전히 무너져 돌이킬 수 없게 일상을 잃어버린 사람들이 바로 난민입니다.

팔레스타인 난민

## 팔레스타인의
## 저항

팔레스타인을 떠난 난민들은 1959년 쿠웨이트에서 파타당을 창립하게 됩니다. '파타'라는 말은 승리를 뜻합니다. 파타당은 야세르 아라파트가 창설했습니다. 몇 년 뒤 팔레스타인 난민들이 조직한 많은 단체들이 모여 팔레스타인해방기구(이하 PLO)를 만들었습니다. 파타당은 PLO에 조직적으로 참여하여 기구를 장악했으며, 아라파트는 죽을 때까지 PLO 의장을 맡았습니다. 아라파트의 상징처럼 되어버린 스카프는 그가 죽은 뒤에도 아직까지 많은 인기를 얻고 있습니다.

PLO는 이스라엘 민간인들에 대한 무차별적 공격과 비행기

납치 등 무장투쟁으로 중동의 국가들과도 많은 갈등을 빚게 됩니다. 뿐만 아니라 팔레스타인 무장세력들이 팔레스타인 난민 캠프를 근거지로 활동하면서 많은 난민들이 학살당하는 사건이 일어나기도 합니다. 1970년, PLO가 요르단 국경에 위치한 난민 캠프를 근거지로 하여 이스라엘과 벌인 전투에서 성과를 올리자, 많은 아랍 국가들이 이 단체를 인정하며 물질적인 지원에 나서게 됩니다. 세력이 강화된 PLO는 공개적으로 요르단 정부에 봉기를 선언하며 후세인 요르단 국왕 암살을 두 번이나 시도했습니다. 이에 요르단 정부는 팔레스타인 무장세력을 요르단 영토에서 추방하기로 결정했습니다.

1970년 9월에 들어서면서 팔레스타인 무장단체 활동에 대한 요르단 정부의 분노는 극에 달하게 됩니다. 요르단 영토 내에서 무장투쟁이 벌어지고 항공기 납치 사건이 벌어지는 등 통제할 수 없는 상황이 이어지자 후세인 국왕은 요르단 군대를 동원해 PLO 근거지를 공격하게 됩니다. 이를 '검은 9월' 사건이라 합니다. 이 사건을 계기로 팔레스타인 무장세력은 요르단 영토에서 쫓겨나 레바논으로 옮겨 가게 됩니다. 이 사건 이후 단체 내부에서는 '검은 9월단'이라는 테러 단체가 결성됐습니다. 이 단체는 1972년 뮌헨 올림픽에서 이스라엘 선수단 살해와 요르단 수상 암살 등 테러 활동을 주도하면서 국제적 비난을 받게 됩니다. 물론 아랍 국가들은 테러가 일어날 때마다 팔레스타인 무장세력이 벌이는 활동에 박수를 보냅니다.

요르단에서 레바논으로 옮겨간 PLO는 그곳에서도 이스라엘을 상대로 테러 활동을 벌이면서, 국제사회의 압력을 받은 레바논 정부와 충돌을 빚게 됩니다. 1982년 레바논 내전이 벌어지자 팔레스타인 무장세력은 레바논을 떠날 수밖에 없었습니다. 당시 PLO는 국제사회에서 테러 단체로 찍혀 다른 나라에 발을 들여놓을 수 없었습니다. 믿었던 중동 국가들까지도 PLO가 들어오는 것을 거부하자 더 이상 무장투쟁을 할 수 없는 조건이 돼버렸습니다.

더욱이 1987년 팔레스타인에서 이스라엘에 저항해 일어난 '1차 인티파다(반이스라엘 저항운동)'는 더 이상 외국에서 무장투쟁을 할 필요가 없다는 사실을 일깨워주었습니다. 또한 PLO의 영향력이 약화됐다는 사실도 명확해졌습니다. 그 다음 해인 1988년 11월, PLO 의장 아라파트는 팔레스타인 땅에서 아랍 민족의 독립국가를 건설하겠다고 선언합니다. 이를 위해 이스라엘과도 협상을 하겠다는 의지를 밝힙니다. 이스라엘을 합법적인 국가로 인정하겠다는 의미입니다. 이스라엘과의 협상 결과는 1993년에 오슬로협정을 통해서 나타났고, 1995년에 2차 오슬로협정에서 확정됩니다. 협정 내용은 1947년 유엔 결의안에서 크게 벗어나지 않았습니다. 팔레스타인 땅에서 유대 민족국가를 인정하고, 아랍 민족국가를 설립하겠다는 의지를 밝히는 데

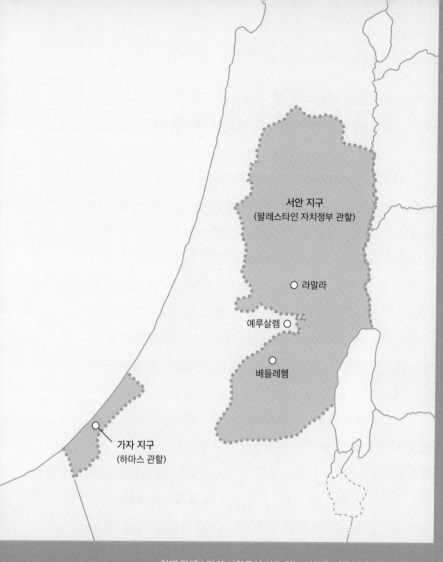

서안 지구
(팔레스타인 자치정부 관할)

○ 라말라

예루살렘 ○

○ 베들레헴

가자 지구
(하마스 관할)

현재 팔레스타인 사람들이 살고 있는 지역은 서쪽 가자 지구와 동쪽
요르단강 서안 지구로, 하마스 무장단체와 팔레스타인 자치정부가
각각 관리하고 있어 팔레스타인 사람들은 어느 곳에서도 편하게 지
내지 못하고 있다. 더구나 서안 지구 곳곳에 이스라엘 주민들이 군대
의 보호를 받으며 사는 정착촌이 있어서, 서안 지구 내 팔레스타인
주민들은 일상적인 이동 등에서 크게 제약받고 있다.

50년 이상이 걸린 셈입니다. 곧 팔레스타인 서안 지구와 가자 지구에는 팔레스타인 자치정부가 들어섰고 제한적이지만 실질적인 통치행위를 시작하게 됩니다.

그러나 이스라엘에 대한 봉기가 일어나고 PLO가 무장투쟁 노선을 포기한 1987년, 가자 지구에서는 이스라엘을 절대로 합법적인 국가로 인정할 수 없으며 무장투쟁을 통해 이스라엘을 지도에서 지워버리겠다고 공개적으로 밝힌 한 무장단체가 결성됩니다. 바로 '하마스(Hamas, 이슬람 저항운동)'입니다. 하마스는 이슬람 성직자인 아흐메드 야신에 의해 설립됐습니다. 이전에 아라파트가 결성했던 세속적이면서 좌파적인 파타당과 결성 목표는 엇비슷하지만, 하마스는 이슬람의 지하드(성전)를 추구하는 단체라는 점에서 다릅니다.

2004년 아라파트가 죽자 팔레스타인 단체들 사이에서도 분열이 일어나게 됩니다. 2006년이 되면서 하마스는 가자 지구의 선거에서 승리하게 됩니다. 팔레스타인 자치정부로부터 간섭을 받지 않으려는 하마스는 내전을 벌이게 되고 결국 두 단체는 적대적으로 갈라섭니다. 지금 두 단체는 하나로 통일하려는 노력을 하고 있지만 여전히 쉽지 않은 과정을 거치고 있습니다.

# 후대로 이어지는 난민 문제

1948년 아랍-이스라엘 전쟁으로 생겨난 70만 명의 팔레스타인 난민 외에도 한 차례 더 난민들이 발생하는 계기가 있었습니다. 1967년 이스라엘과 아랍 국가들이 벌인 6일 전쟁 직후, 30만 명의 난민들이 난민캠프에 합류하게 되었습니다.

현재 팔레스타인 난민 가운데 1948년 당시 터전을 떠났던 난민들은 대부분 세상을 등졌고, 1세대 난민들은 지금 3만 명 정도만 생존해 있습니다. 유엔팔레스타인난민기구에서 내놓은 통계상 난민 수인 500만 명은 논란거리로 남아 있습니다. 이들은 대부분 2세대, 3세대 팔레스타인 난민입니다. 난민들은 캠프에서 일생을 살다가 죽어갔고 지금도 수백만 명의 난민 자손들이 살고 있습니다.

이들 3세대 난민들도 여전히 유엔팔레스타인난민기구가 제공하는 일자리와 돈, 구호 물품 등을 받아 살아가고 있습니다. 앞서 말했듯 팔레스타인 난민들이 살고 있는 캠프는 천막촌으로 시작했지만 이제는 콘크리트 건물들로 이뤄진 소도시로 변한 상태입니다. 난민캠프에는 학교를 비롯한 교육 시설과 병원 등 의료 시설이 들어서 있으며 문화 시설이나 체육 시설도 갖춰져 있습니다.

하지만 2014년 여름, 중동 일대를 뒤흔들어놓은 '이슬람국가', 즉 IS와의 전쟁으로 팔레스타인 난민캠프가 위기에 빠졌습니다. 유엔에서 공급하던 구호물자들이 수송로를 차단당하면서 더 이상 시리아의 팔레스타인 난민캠프로 들어가지 못하자 배고픔에 지친 난민들은 캠프를 이탈해 곧 시리아를 탈출하기 시작했습니다. 시리아 수도인 다마스쿠스 근처에 있는 야르무크 난민캠프에서 벌어진 굶주림의 참상은 전 세계에 큰 충격을 주기도 했습니다.

시리아에서 내전이 벌어지자 난민캠프에서는 시리아 정부군과 시리아 반군의 공방전이 벌어졌고, 나중에는 IS와의 전투지로도 변했습니다. 유엔이 공급해주는 물자가 끊어지면서 많은 난민들이 굶주림으로 목숨을 잃었습니다. 그리고 그곳을 탈출해 레바논이나 요르단, 유럽으로 흩어졌습니다. 2012년 말에 공개된 유엔팔레스타인난민기구 보고서에 의하면 야르무크 캠프에 살던 16만 명의 난민들 가운데 15만 명이 캠프를 떠난 것으로 확인되었습니다. 또한 시리아에 거주하던 많은 팔레스타인 난민들이 터키를 거쳐 유럽으로 넘어가기 시작했습니다. 2015년 유럽에서 발생한 난민 위기의 한 요인은 바로 시리아에서 생활하던 팔레스타인 난민들의 탈출인 것으로 알려져 있습니다.

미국의 트럼프 정부는 2018년 8월 말, 팔레스타인 난민들에 대한 기부를 중단하겠다고 발표했습니다. 팔레스타인 입장에서는 반대할 명분이 충분합니다만, 지금까지 미국의 지원으로 살아왔다는 사실 역시 부정할 수 없습니다. 70여 년 동안 팔레스타인 난민들을 위한 구호금을 가장 많이 기부한 나라는 미국입니다. 미국은 이스라엘과 가까운 동맹국임에도 불구하고 1948년 이래로 팔레스타인 사람들의 호구지책을 거의 전적으로 책임져 왔습니다. 미국이 기부하는 액수는 유엔팔레스타인난민기구의 총예산 가운데 3분의 1에 달하고, 어떤 해는 2분의 1을 차지하기도 했습니다. 미국 다음으로는 서유럽 국가들이 많은 액수를 기부해왔습니다. 반면 중동의 부자 나라들은 팔레스타인 난민을 위한 기부에 가장 인색했던 게 사실입니다.

미국 의회에서는 이들 3세대 난민까지 포함한 500만 명의 난민들을 언제까지 원조해줘야 하느냐는 문제가 뜨거운 논쟁거리입니다. 1948년 이후 70여 년이 흐른 지금까지도 팔레스타인 난민들은 유엔 구호금이나 구호물자에 의지해 살아왔습니다. 캠프 안에서는 어느 정도 교육 문제와 의료 문제를 자체적으로 해결하고 있긴 하지만, 사실상 더 이상의 대안은 나오지 않고 있습니다. 이제 유엔팔레스타인난민기구를 통한 팔레스타인 난민 지원은 한계에 다다른 것으로 보입니다.

미국이 팔레스타인 난민들에 대한 지원을 계속 중단하는 경우를 가정해봅시다. 수백만의 팔레스타인 난민들이 캠프 바깥으로 나와 거대한 '엑소더스'를 시작할 경우 중동은 완전한 혼란 상태에 빠져들지 모릅니다. 전쟁보다 더한 통제 불능 상황이

연출될 수도 있습니다. 따라서 미국에서는 돈이 들더라도 이들을 난민캠프 안에 잡아두는 게 최선의 방책이라는 결론에 도달했을 것입니다. 어쨌든 미국 정부도 여전히 팔레스타인 난민들에 대해서는 뾰족한 대책을 내놓지 못하고 있는 실정입니다

팔레스타인 난민들에게 무엇보다 필요한 근본적 대책은 국가 건설을 통한 독립입니다. 국가가 건설되면 팔레스타인 사람들은 더 이상 난민이 아니라 어엿한 독립국가의 국민이 됩니다. 당연히 더 이상 난민이란 타이틀을 달고 다닐 필요가 없습니다. 현재 이스라엘과 협상에서 난항이 계속되고 있지만, 팔레스타인이 모든 어려움을 헤치고 독립국가 건설이란 목표를 하루 빨리 달성하기만을 기원합니다. 팔레스타인 국가 건설이 곧 중동평화의 첫걸음이 될 것입니다.


## 어린이들은 모두 피해자입니다

전쟁을 겪으면서 자란 어린이들은 평화로운 환경에서 자란 어린이들과는 많은 차이가 납니다. 나중에 그들이 어른이 되었을 때, 어린아이들을 바라보는 눈이 하늘과 땅만큼이나 달라지게 됩니다. 평화로운 환경에서 자란 어른들은 다음 세대가 자신들이 살아온 환경보다 더 나은 환경에서 자라기를 바라게 됩니다.

2019년 11월 29일은 팔레스타인 땅을 유대 국가와 아랍 국가로 나눈다는 유엔 결의안이 통과된 지 72주년 되는 날로, 여전히 팔레스타인 어린이들은 난민으로 지내고 있다. ⓒ Abed Rahim Khatib

물론 전쟁의 비참함을 겪은 어른들 중 상당수도 어린 세대들에게 자신이 겪은 비참한 삶을 물려주지 않으려 노력할 것입니다. 하지만 일부 어른들은 전쟁이나 비참한 삶을 어린 세대들에게 물려주는 것을 당연하게 여기기도 합니다.

인간이라면 누구나 행복하게 살 보편적인 권리가 있습니다. 특히 어린이들은 누구보다도 더 행복하게 살 권리가 있습니다. 그러나 안타깝게도 분쟁 지역에서 가장 큰 피해를 입는 건 어린이들입니다. 분쟁을 통해 어떤 어른들은 이득을 취할 수도 있을지 모르겠으나, 어린이들은 모두가 피해자일 뿐입니다. 전쟁이 일어나면 학교는 문을 닫게 되고 어린이들은 선생님이나 친구들을 만날 수가 없습니다. 폭격이나 총격으로 인해 거리에 나가서 뛰어놀 수도 없습니다. 또한 상점들이 문을 닫아 맛있는 것도 사먹을 수 없게 됩니다. 단지 비행기 소리와 폭격 소리, 포탄 소리, 총성, 사람들이 지르는 절규와 고통스러운 신음만이 세상을 가득 채웁니다.

유엔아동권리협약 제38조 4항에는 '전쟁 중에 어떻게 해서든 어린이들을 반드시 보호하고 보살펴야 한다'는 내용이 명시되어 있습니다. 그러나 현실은 그렇지 못합니다. 어린이들이 찾는 학교나 병원을 폭격하는 등 어린이를 향한 공격 행위는 계속되고 있습니다.

이보다 더 심각한 경우는 어린이들을 전쟁의 방패막이로

이용하는 일입니다. 어떤 어른들은 자기의 정치적 이익을 위해 의도적으로 어린이들을 위험한 시위에 참가시키는 경우가 있습니다. 그리고 어린이들이 모인 학교나 병원을 전투 본부나 무기 저장소로 사용하기도 합니다. 이런 행위들이 어린이들을 위험에 빠뜨리는 줄 알면서도 그들은 자신을 보호하기 위해 여전히 이런 짓을 계속하고 있습니다.

가자 지구에는 200만 명의 팔레스타인인들이 살고 있으며 약 120만 명의 난민들이 난민캠프에서 생활하고 있습니다. 가자 지구에 살고 있는 어린이들은 항상 전쟁에 대한 공포와 이스라엘에 대한 증오심을 가지고 있습니다. 2014년에 7월과 8월 두 달 동안 이스라엘은 가자 지구를 공격해 수천 명의 팔레스타인 사람들을 죽거나 다치게 했습니다. 물론 가자 지구를 지배하는 무장세력 하마스의 공격으로 이스라엘 병사들과 민간인 사상자가 발생하기도 했습니다.

가자 지구에 대한 대대적인 공격은 끝났어도 여전히 전쟁의 상처는 아물지 않고 있습니다. 특히 어린이들에게 전쟁의 상처는 더욱 깊게 새겨져 있습니다. 전쟁으로 인한 트라우마가 생긴 것입니다. 2014년의 가자 지구 공격이 끝난 지 1년 후 알자지라 방송과 미국의 ABC 방송이 팔레스타인 어린이들을 인터뷰한 내용은 거의 비슷합니다. 어린이들 대부분이 전쟁으로 인한 후유증으로 고통받고 있다는 사실입니다.

가자 지구 난민캠프에 사는 열한 살 아부 세밥은 지금도 제대로 잠을 이룰 수 없습니다. 잠자리에 누우면 매일 전투기 소리와 폭격 소리가 귀에 맴돌아 식은땀을 흘립니다. "우리는 거리에 있었는데 갑자기 폭발음이 들려오면서 옆에 있던 집이 무너졌습니다. 나와 형은 무너진 집 잔해에 깔렸는데 나는 다치고 형은 그 자리에서 숨을 거뒀습니다." 동갑내기인 아흐마도 비슷한 증상에 시달리고 있습니다. 밤만 되면 악몽을 꾸고 일어나서는 엄마에게 달려갑니다. 전쟁의 장면들과 죽은 사람들의 모습이 자꾸 잠을 설치게 만든다고 합니다.

그리고 전쟁 후 팔레스타인 어린이들의 행동도 많이 달라졌다고 합니다. 형제자매 또는 친구들과 싸우는 일이 늘어났고, 같이 어울려 놀기보다 말없이 혼자 있는 경우가 많다고 합니다. 아이들은 조그만 것에도 기쁘고 즐거운 게 보통이지만, 전쟁의 공포와 후유증으로 기쁨이 사라져버린 것입니다. 어린이들을 위해서라도 전쟁은 반드시 중단되어야 합니다. 특히 이스라엘과 팔레스타인 사이 전쟁은 단지 팔레스타인 어린이들만을 공포에 떨게 만드는 것이 아니라 이스라엘 어린이들에게도 똑같은 공포를 안겨줍니다. 이스라엘과 팔레스타인 분쟁에서는 누구도 승리자가 될 수 없습니다. 가해자가 피해자가 되고 어느 순간에는 피해자가 가해자가 되는 악순환이 반복되고 있습니다.

1948년 이후 지금까지 거의 70년이 지났지만 팔레스타인 문제는 아무것도 달라진 게 없습니다. 그저 세월이 지나면서 난민들이 엄청나게 늘기만 했을 뿐입니다. 70만 명이 500만 명으로 불어났고 3세대가 흘러버렸습니다. 난민캠프에 사는 팔레스타인 난민들은 그곳에서 벗어나기가 쉽지 않습니다. 아랍 국가들 대부분은 팔레스타인 난민들에게 국적이나 시민권을 허용하지 않습니다. 난민들은 태어난 나라에서도 계속 외국인으로 취급당하기 때문에 제대로 된 교육이나 의료 혜택을 받을 기회도 없습니다. 나중에는 살고 있는 사회에서 경제활동까지 힘들어지게 됩니다. 그러니 캠프를 벗어나더라도 별 뾰족한 수가 보이지 않습니다. 반면에 난민캠프 안에서는 유엔에서 제공하는 것으로 최소한의 생존은 가능하기 때문에 참고 살아가게 됩니다. 물론 난민캠프에서의 삶이란 다람쥐 쳇바퀴 도는 것과 같아서 아무리 시간이 흘러도 결코 상황은 나아지지 않습니다. 이처럼 미래에 대한 희망이 없다는 사실이 캠프에서 살고 있는 난민들, 특히 어린이와 청소년들에게 가장 큰 문제가 되고 있습니다.

# 나는 일을 하기 위해
체크포인트에 간다

내 이름은 압달라, 사는 곳은 팔레스타인 서안 지역 수도 라말라이다. 라말라는 팔레스타인 자치정부가 위치한 곳으로, 20년 전부터 팔레스타인에서는 가장 중요한 도시로 자리 잡았다. 우리 가족은 할아버지 때 변두리에서 이주해 와 라말라에 정착했다. 고등학교는 3년 전에 졸업했고 올해 스무 살로 성인이 됐다. 라말라에는 일자리가 없어 돈을 벌 수가 없으니 자연히 가까운 예루살렘이나 예루살렘 인근의 이스라엘 관할 작은 도시들로 일을 하러 간다. 우리들이 고용될 일자리는 한정되어 있다.

대부분은 건설 현장, 농업과 관련된 일터 또는 올리브 농장에서 일용직 노동자로 일하게 된다. 내가 매일 일하러 가는 곳은 예루살렘 부근에 있는 과수원으로 자몽과 올리브를 재배하는 곳이다. 과수원은 상당히 넓어 몇 달 동안 일거리 걱정은 없을 것 같다. 이만하면 그나마 안정된 일자리라고 볼 수 있다. 그런데 유대인이 주인인 이곳에서 일하기 위해서는 사업자 등록이 된 유대인이 발행한 노동 허가증이 필요하다. 나는 매일 새벽 4시에 일어나 라말라에서 예루살렘으로 가기 위해 칼란디아 체크포인트에 간다. 이곳은 팔레스타인과 이스라엘을 가르는 지점이자 국경과도 같은 곳이다.

칼란디아 체크포인트에서는 거의 매일 지옥을 경험한다. 이곳을 통과하는 데 최소한 두 시간에서 세 시간을 기다려야 하고, 갑자기 통과가 정지되면 그야말로 기약 없는 기다림이 시작된다. 그날 일은 공친 거나 다름없다. 밤사이 재충전했던 에너지는 사라져 막상 일을 할 때는 제대로 힘을 쓰지 못한다. 여름철 정오에 예루살렘으로 가야 할 일이 있으면 뜨거운 태양 아래서 몇 시간이고 기다려야 한다. 사람들이 더위를 먹고 쓰러지는 모습을 여러 번 보았다. 이곳을 통과할 때면 언제나 나 자신이 팔레스타인에서 태어난 사실을 저주했다. 왜 나는 유대인으로 태어나지 못해 이런 고통에 시달려야 하는지 스스로에게 묻고 또 물었다. 우리가 믿는 알라신이 과연 있기나 한 걸까 하는 의심까지 들 정도였다. 신이 있다는데 세상은 왜 이렇게 불공평하게 돌아가나, 한탄을 멈출 수 없었다.

인상적인 경험담을 들려주려 한다. 어느 날 아침 일찍 체크포인트에 도착했을 때 이미 100미터 이상 사람들이 줄을 서 있었다. 어딘지 모르게 팽팽한 긴장감이 느껴져 앞에 선 사람에게 물으니 벌써 두 시간째 기다리는데 움직이지 않는다고 했다. 그는 예루살렘에 사업상 중요한 미팅이 있어 반드시 가야 한다고 덧붙였다. 발길을 되돌리는 사람도 몇 명 보였다. 맨 앞에 선 사람들이 이스라엘 병사들에게 항의하는 모습이 보였다. 하지만 아무런 소용이 없다는 사실은 어린아이들도 잘 알고 있다. 나와 비슷한 또래의 이스라엘 병사들도 상부의 지시를 받아 그대로 움직이는 사람들이다. 우리가 항의한다고 해서 들어주는 일은 없다. 군인은 명령을 듣지 않으면 감옥에 가야 한다. 이들 상관은 이스라엘 국방부 장관이나 총리이다. 우리는 지쳐갔다. 지쳐서 아예 자리에 주저앉는 사람들도 보이기 시작했다.

조금 뒤 병사들이 서 있는 곳에 외국 기자들이 나타났다. CNN 방송 차량과 아시아인 기자도 한 명 보였다. 외국 기자들이 오면 이스라엘 병사들은 금방 위축되면서 우리를 평소와 다르게 조심히 대한다. 곧 무슨 일이 벌어질지 나는 알고 있다. 한쪽에서 웅성거리는 소리가 들리더니 팔레스타인 청년과 노인이 이스라엘 병사들과 말다툼을 벌이는 모습이 보였다. 청년은 서류를 높이 치켜들고서 "법원에서 받은 통과 허가증인데 왜 너희들이 못 가게 막느냐" 고래고래 소리를 질렀다. 따분하게 기다리고만 있던 사람들이 하나둘 대열을 이탈하면서 병사들 주위로 모여들기 시작했다. 병사에게 항의하던 청년은 점점 감정이 격해졌고 심지어는 욕설과 함께 "쏠 테면 쏴 봐라"는 말까지 내뱉었다. 젊은 병사들은 더 이상 감당하기 힘들었는지 의논을 하는 모양이었다. 통과시키지 않으면 '비인간적인 이스라엘'이라는 뉴스가 나갈 것이 분명하니, 결국 청년과 노인을 통과시켜주었다.

그러자 여기저기서 사람들이 몰려들어 병사들에게 저마다 사정을 늘어놓기 시작했다. 조금 전까지만 해도 쥐 죽은 듯이 기다리던 사람들이 갑자기 기가 살아나 적극적으로 통과를 요청했다. 팔레스타인 여자는 병사에게 "왜 저 사람들은 통과시키고 나는 기다려야 하느냐"며 불만을 터뜨렸다. 잠시 후 거동이 불편해 지팡이를 짚은 노인이 통과시켜달라고 부탁하자 병사는 난감한 표정을 지었다. 얼굴에는 갈등하는 빛이 역력했다. 아무도 통과시키지 말라는 명령을 지켜야 하는 병사의 의무와 인간적인 감정 사이에서 갈등하는 듯 보였다. 결국 그는 노인을 통과시켜주었다. 불편한 걸음걸이로 길목을 빠져나가는 노인의 뒷모습을 보는데 나 역시 측은한 마음이 들었다.

그런데 이 노인이 지나가자 더 많은 사람들이 개인적인 사정을 호소하기 시작했다. 완전히 혼돈 그 자체였다. 병사들도 감정이 격해지면서 모두 제자리로 돌아가라고 소리쳤다. 그러나 이미 사람들은 차례를 기다리던 줄에서 벗어난 상태였다. 한 병사가 눈물을 훔치는 모습이 보였다. 그러다 이내 가스탄을 던져 터뜨렸다. 곧 사람들이 공포에 질리기 시작했다. 가스가 독해서라기보다 병사들이 취한 행동이 두려움을 불러일으켰기 때문이다. 모두들 당황한 모습이었다.

　　나는 옷으로 코와 입을 막고 다른 곳으로 뛰어갔다. 한 아버지가 아기를 안고 이리저리 가스를 피해 뛰어다녔다. 가스 때문에 눈을 잘 뜨지 못해 우리는 살짝 부딪쳤다. 한 중년 여성은 땅에 주저앉아 큰 소리로 통곡하기 시작했다. 가스를 마신 사람들은 고통에 시달렸다. 병사들 수는 7명밖에 되지 않았지만 이들은 완전무장을 하고 있었다. 일단 가스탄을 터뜨렸지만, 다음에는 군중을 제압하기 위해 총을 사용할 수도 있다는 생각이 스쳤다. 다른 사람들도 비슷한 공포를 느꼈을 것이다. 위기감이 절정에 다다른 순간이었다. 수백 명의 사람들이 이리 뛰고 저리 뛰는 혼란이 계속되었다.

　　나도 가스를 피하기 위해 뛰면서도 너무 멀리 달아나면 체크포인트를 통과할 수 없을까 봐 근처를 서성였다. 눈이 매웠다. 거동이 불편한 노인들은 그냥 주저앉아 울고 있었다. 가스탄이 몇 개 더 터졌다. 이스라엘 병사들은 외국 기자들에게 떠날 것을 요구했고 결국 기자들은 자리를 떴다. 사람들이 뿔뿔이 흩어지나 싶었는데 갑자기 이스라엘 측 스피커에서 한마디 외침이 들려왔다. "모두 통과하라!" 이미 아수라장이 된 상황을 통제할 수 없다고 느낀 걸까. 사람들은 일제히 체크포인트를 향해 달리기 시작했다. 언제 다시 상황이 바뀔지 모를 일이었다. 나도 서둘러 체크포인트를 지나갔다. 저 멀리, 아까 눈물을 훔친 병사가 보였다. 그 역시 가스탄 때문인지 눈이 빨갛게 충혈되어 있었다. 그의 얼굴에도 나만큼이나 복잡한 심경이 스쳐 지나갔다. 일터를 향해 걸어가는 내내 동갑내기로 보이던 병사의 얼굴이 머릿속에서 떠나지 않았다.

2015년 10월, 팔레스타인 베들레헴에서 이스라엘군이 난민캠프 사람들을 향해 최루탄을 던지고 있다. ⓒ Pierre Janineh

## 장벽 너머 사람과 시소를 타다

경계가 삼엄한 미국과 멕시코 장벽을 가로지른 기다란 분홍색 물체가 보입니다. 철제 장벽 사이를 지나 한쪽은 미국 뉴멕시코주 선랜드파크에, 다른 한쪽은 멕시코 시우다드후아레스에 넘어가 있는 긴 물체는 바로 시소입니다. 미국 사람이 시소에 앉자 반대편에 있던 멕시코 사람도 시소로 다가갑니다. 두 사람은 말없이 시소를 타다 마침내 웃음을 터뜨리고 맙니다. UC 버클리 교수인 로널드 라엘과 산호세 주립대학 부교수인 버지니아 산 프라텔로는 장벽을 하나의 놀이터로 만들어보자 하고 시소를 설치했습니다. 로널드 라엘은 무거운 분위기의 장벽 앞에서 사람들이 이야기를 나누면서 행복해지기를 바란다고 합니다. 없앨 수 없는 장벽 앞에서, 난민이 늘어나고 있는 현실 앞에서 함께 즐길 수 있는 무언가를 만드는 것이야말로 예술이 가진 힘입니다. 시소를 탈 때만큼은 미국인도 이민자들도 장벽을 잊고 즐거울 수 있지 않을까요?

● 팔레스타인 난민

# 태어났더니 사람들이 나를 난민이라고 부른다면?

나는 내 이름이 난민인 줄 알았습니다. 사람들은 나를 줄곧 난민이라고 불렀습니다. 나는 그냥 태어났을 뿐인데 난민이 되었습니다. 전쟁이 일어나자 부모님은 나를 지키기 위해 다른 나라로 떠났습니다. 나는 내가 태어난 곳을 머릿속으로만 그려봅니다. 뉴스에 나오는 폐허가 가득한 도시 풍경이 아니라 부모님으로부터 전해 들은 마을 곳곳의 풍경을 그리며 내가 살았어야 할 나라를 떠올려봅니다. 우리 가족은 다시 고국으로 갈 수 없지만, 살아 있기 때문에 어디선가 살아야 합니다. 지금 지내고 있는 곳에서 우리는 국민이 아닙니다. 그럼 나와 식구들은 어느 나라 사람인 걸까요? 내가 쓰는 언어는 무엇이어야 할까요? 내 이름은 난민이 아니고, 나는 내가 태어난 곳에서 가족들과 안전하게 살고 싶습니다.

난민 문제는 보지 않는다고 사라지는 것이 아닙니다. 해결되지 않으면 세계 어디선가 난민 문제는 대를 이어 지속될 수밖에 없습니다. 난민으로 태어나 난민으로 살다 난민으로 죽는 사람들이 있습니다. 우리가 살고 있는 이 시대, 어딘가에서도 그들의 인생은 계속되고 있습니다.

유럽행 난민
Europe

## 여행이
## 피난이 된 사람들

나는 그리스에서 오랜 기간 지내면서 아프가니스탄 난민들을 수없이 만났습니다. 전쟁이 일어난 지 20년 가까이 흘렀지만 아프간은 여전히 전쟁 중이고, 이라크 역시 17년 넘도록 끝나지 않는 전쟁 속에 있습니다. 아프간, 이라크 사람들은 지금도 난민이 되어 유럽으로 향하고 있습니다. 시리아 사람들도 마찬가지입니다. 전쟁이 시작된 이래로 더 이상 시리아에 살 수 없게 되자 유럽으로 발걸음을 돌리기 시작했습니다. 유럽으로 향하는 행렬은 주변 국가로 흩어졌던 시리아 난민들까지 더해져 계속해서 늘어나고 있습니다. 유럽연합으로 향하는 관문인 헝가리에 들어가기 위해 난민들은 접경 지역인 세르비아 국경에 모여 텐트 생활을 하며 힘든 시간을 보내고 있습니다.

15년 전 아테네에서 키프로스 난민인 야니누 가족을 만난 적이 있습니다. 북키프로스에서 평화롭게 살던 이들은 1974년 터키로부터 침공을 받아 하루아침에 난민이 되어 아테네에 정착하게 되었습니다. 가족들은 몇 달이 지나면 돌아갈 거라고 작은 가방만 가지고 떠나왔지만 결국에는 돌아가지 못했습니다. 어제까지만 해도 가족들과 즐거운 저녁을 보냈는데 다음 날 갑자기 전쟁이 터져 정해진 곳도 없이 무작정 피난을 떠나야 하는 심정은 누구도 이해할 수 없을 것입니다.

전쟁은 한번 일어난 뒤에는 그 후유증이 장기간 지속됩니다. 몇 년 만에 전쟁이 끝나면 그나마 다행이지만 후유증까지 포함한다면 전쟁은 수십 년간 지속된다고 볼 수 있습니다. 전쟁이 발생한 지역은 폐허가 돼버리고 사람들은 뿔뿔이 흩어져 난민으로 살아가게 됩니다. 일주일만 지나면 돌아갈 거라고 집을 떠났지만, 결국엔 수십 년이 지나도 가볼 수 없게 되기도 합니다. 우리 한국의 역사도 이와 비슷합니다. 한국전쟁 당시 북에 모든 것을 두고 남쪽으로 떠나온 피난민들도 같은 심정이었을 겁니다. 대부분 실향민들은 떠나온 지 70년이 지나도록 한 번도 북녘 고향 땅을 밟아보지 못한 채 세상을 떠나고 있습니다.

# 유럽이 가장 가까운 곳입니다

국경을 넘는 여정 중에 난민들은 자칫하면 병에 걸리거나 굶주려서, 아니면 배가 뒤집혀 목숨을 잃기도 합니다. 여행 도중 강도나 지역 경찰들에게 가진 돈을 다 빼앗기거나 타국의 감옥에서 심한 고생을 할 수도 있습니다. 해마다 3000명 넘는 아프리카 난민들이 국제 밀수 조직의 열악한 배를 타고 유럽을 향해 지중해를 건너다 바다에 빠져 죽는다는 통계도 있습니다.

난민들 국적은 다양합니다만 아프리카와 중동 출신이 대부분입니다. 튀니지, 나이지리아, 수단, 감비아, 시리아, 아프가니스탄, 이란, 이라크, 파키스탄 등에서 넘어오는 난민들이 대다수입니다. 터키에서 그리스로, 리비아나 이집트에서 이탈리아로, 또는 지브롤터해협을 건너 스페인으로 향합니다. 2015년 한 해에만 100만 명의 난민들이 유럽으로 들어갔으며, 터키에서 그리스로 배를 타고 들어간 난민의 수만 해도 84만 명이나 됩니다. 난민들은 한 사람당 수백만 원을 국제 밀수 조직에 지불한 뒤 유럽으로 들어가고 있습니다. 물론 이런 범죄 조직의 활동만이 유럽행 비합법 이민의 배경이 되는 건 아닙니다. 무엇보다도 가난과 전쟁이 근본 원인입니다.

난민들에 대해 유럽의 문을 닫아야 한다고 주장하는 유럽 우파 정치인들은 모든 난민을 경제적인 난민이라 주장하고 있

아프리카와 중동 난민들은 바다를 건너야 하는 험한 길이지만 그나마 안정적인 미래를 꿈꾸며 지금도 유럽으로 가기 위해 먼 길을 떠나고 있다.

습니다. 그들은 전쟁으로 인해 탈출해 온 시리아 난민들이 굳이 유럽으로 들어올 필요가 없다고 주장합니다. 이웃 국가인 터키도 안전한 곳이고 그리스나 발칸 국가들도 안전한데 왜 굳이 유럽까지 오느냐는 질문을 던집니다.

하지만 난민들의 입장은 다릅니다. 가까운 이웃 나라로 탈출해 몇 년 동안 전쟁이 끝나기를 기다렸지만 전쟁은 전혀 끝날 기미를 보이지 않습니다. 사실 난민들은 텐트만 제공하는 열악한 이웃 나라들보다는 임금도 월등히 높고 일자리도 많은 유럽행을 선택할 수밖에 없습니다. 무엇보다도 자녀들이 제대로 된 교육을 받고 안정된 삶을 누릴 수 있는 곳으로 옮겨 갈 생각을 하는 건 당연합니다. 비록 수천 킬로미터나 떨어져 있지만 그들에게는 유럽이 그나마 가장 가까운 곳이기 때문입니다.


## 항구도시는 왜 정글이 되었나

중동과 북아프리카발 난민 사태가 벌어지기 전인 1998년, 세르비아 코소보 지역에서 분리 독립을 요구하는 알바니아계와 세르비아계 주민이 유혈 충돌하면서 내전이 발생합니다. 1999년 북대서양조약기구(NATO)가 코소보를 폭격하자 코소보에 있던 알바니아 난민들이 영국으로 가기 위해 프랑스의 항구도시 칼레로 모여들었습니다. 코소보 난민들뿐만 아니라 이라크와 이란에서 온 난민까지 1000명 이상이 모여들자 프랑스 정부는 칼레 항구와 가까운 곳에 난민 센터를 지었습니다. 그러자 아프리카 대륙 난민들도 프랑스 칼레로 몰려들었습니다. 굳이 영국이 목적지가 아니어도 단지 머물 곳을 얻고자 몰려온 난민들까지 합세하면서 칼레는 북새통을 이뤘습니다.

난민캠프가 수용 한계를 넘기자, 난민들은 자원봉사자들에게 도움을 받아 곳곳에 천막을 설치했습니다. 난민들이 건설한 천막촌은 열악한 환경 때문에 '정글'이라는 별칭으로 유명해지면서 세계의 이목을 집중시켰습니다. 이곳 난민들의 지옥 같은 삶 때문에 정글은 난민 인권의 사각지대로 알려지며 세계 언론의 주요 이슈로 떠올랐습니다. 정글이 프랑스 정부에 의해 강제로 철거된 2016년 10월 당시 난민들 숫자는 1만 명을 헤아릴 정도로 불어나 있었습니다. 프랑스 정부는 비인간적인 난민 정책의 결과인 칼레 정글로 인해 세계 여론으로부터 지속적인 비판을 받자 결국 경찰력을 동원해 칼레 정글을 강제로 철거하기에 이르렀습니다.

칼레로 온 난민들은 영국으로 가기 위해 생사를 무릅쓰고서라도 트럭에 매달리거나 배에 몸을 던집니다. 이들 중에는 이미 영국에 가족이나 친지를 둔 사람들이 많습니다. 영국에 들어가서 가족들을 만나기만 하면 삶이 훨씬 나아질 거라고 믿고 있습니다. 난민들이 영국으로 가려고 하는 다른 이유를 들자면 프랑스의 적대적인 난민 정책을 꼽을 수 있습니다. 프랑스 정부가 매년 거부하는 난민 신청자의 비율은 74퍼센트 정도 됩니다. 난민들은 난민 신청을 한다 해도 대다수가 거부된다는 사실 때문에 아예 영국으로 방향을 틀고 있습니다. 프랑스보다 영국이 난민 신청을 더 관대하게 받아준다고 믿고 있습니다.

복수 등록을 금지하고, 처음 발을 들인 유럽 국가에 등록 의무를 규정한 더블린 협정에 따라, 영국으로 가길 원하는 난민들은 프랑스에서 난민 등록 하기를 거부하고 있습니다. 이로 인해 많은 난민들이 미등록 난민으로 정글에서 생활해왔습니다. 만약 프랑스에서 난민으로 받아들여진다 해도 프랑스어를 할 줄 모르면 직업을 가지기가 힘들어 영국을 선호한다고도 합니다. 이처럼 난민들이 영국을 선호하지만 영국 보수당 정부는 난민들이 들어오는 것을 쉽게 허용하지 않고 있습니다. 반면에 노동당은 난민들을 적극적으로 수용하려는 입장을 취하면서 보수당과 갈등을 빚어왔습니다. 어쨌든 지금 영국 사회도 난민에 대한 논쟁으로 인해 극심한 분열을 겪고 있는 실정입니다.

정글이 철거되자 난민들은 프랑스 전역으로 흩어졌지만, 다시 정글이 있던 자리로 모여들고 있습니다. 칼레 정글에서의 삶이 프랑스 정부가 난민들에게 제공하는 거주지보다 차라리 낫다고 여겨서입니다. 난민들은 운이 좋으면 프랑스 정부로부터 환경이 좋은 숙소를 제공받지만, 사실상 대부분은 비참한 조건의 숙소를 제공받는다고 합니다. 게다가 자유롭지 못한 생활 때문에 칼레로 다시 발길을 돌리는 경우가 많습니다. 결국 많은 난민들이 다시 정글로 모였지만 프랑스 정부는 다시는 칼레에 난민촌을 허용하지 않겠다는 강력한 입장을 보였습니다. 그렇기에 이전처럼 정글이 만들어지지는 않을 것입니다. 그러나 정글이 폐쇄되면서 남겨진 상처는 인류의 기억 속에 영원히 남을 것입니다.

2015년 여름, 시리아 난민들이 유럽으로 가기 위해 부다페스트 켈러티역 안팎에 모여 앉아 있다.

# 살기 위해
# 바다에 몸을 던졌다

내 이름은 모하메드 카심, 나이는 열일곱 살이다. 시리아에서 태어나 자랐고 3년 전에 독일에 들어와 난민으로 살고 있다. 지금은 숙모님과 살고 있지만 전에는 삼촌과 함께 살았다. 삼촌은 지금 덴마크에서 난민 자격을 받아 혼자 살고 있다. 나는 3년 동안 부모님과 동생들을 만나지 못해 하루 빨리 가족들이 모두 만날 날을 기다리고 있다. 부모님과 쌍둥이 동생들은 지금도 시리아에 살고 있다. 언론은 시리아에서 IS가 패퇴하고 전쟁이 끝났다고 하지만 전쟁은 계속되고 있는 게 사실이다. 여전히 부모님은 독일로 들어올 수가 없는 실정이다. 삼촌과 함께 시리아를 떠날 때 부모님은 내 손을 꼭 잡고 곧 뒤따라오겠다고 말했지만, 그러지 못한 채 벌써 3년이라는 세월이 흘러버렸다. 무엇보다도 한시도 내 곁에서 떨어지지 않았던 쌍둥이 동생들이 보고 싶어서 힘들 때가 많다.

　내가 시리아에서 독일로 오기까지의 경로를 잠깐 들려주겠다. 2012년 시리아에서 전쟁이 일어나자 우리 가족은 모두 터키로 넘어가려고 했지만, 몇 가지 이유로 나와 삼촌만 터키로 넘어가게 되었다. 이스탄불에서 다른 난민들과 함께 살면서 터키에는 전쟁이 없다는 사실에 안도했지만, 터키 사람들은 같은 무슬림이어도 언어와 민족성이 달라 어울려 지내기 쉽지 않았다. 내 눈에 비친 터키 사람들은 과거에 젖어 사는 사람들처럼 보였다. 오스만투르크는 중동과 발칸 일대를 거의 500년 동안 지배해온 제국이었지만 1차 세계대전이 끝나면서 제국은 붕괴되고 터키라는 지금의 국가가 탄생하게 되었다. 영토는 축소되고 힘은 약해졌지만 지금도 여전히 중동과 발칸 일대를 지배했던 과거에 사로잡혀 있는 것 같다.

유럽으로 가기 위해선 어쨌든 터키를 통과해야만 했다. 삼촌은 터키에서 일거리를 찾기가 어렵다고 했다. 나는 언어가 달라 터키 학교에 갈 수 없었고, 난민들이 임시로 세운 학교를 가봤지만 시설도 제대로 갖춰져 있지 않고 교재도 없었다. 부모님이 내가 유럽으로 가길 바란 가장 큰 이유는 바로 교육이었다. 전쟁 속에서는 학교를 갈 수 없으니 미래가 없었다. 나 역시 공부를 하고 싶었다. 그래서 부모님은 어린 동생들과 시리아에 남고 삼촌이 유럽으로 가는 길에 나를 동행시킨 것이다.

유럽으로 오는 길을 한마디로 말하자면 마치 지옥 길과 같았다. 지옥도 그런 지옥이 없었다. 수천 명이 터키 연안에서 그리스로 가는 배를 타기 위해 서로 밀고 당기는 와중에 나와 삼촌은 운 좋게 배에 올랐다. 배라고 하니 무척 클 것만 같지만 우리가 탄 배는 작은 통통배였다. 50명이 타면 공간이 꽉 찰 곳에 무려 150명이 들어찼다. 어린아이들은 두려움에 떨며 울기 시작했고 사람들은 울음소리가 새어 나갈까 입을 틀어막기도 했다. 잡히면 다시 터키로 돌아와야 하니 어쩔 수 없는 일이었다. 배는 매일 있는 것도 아니어서 사람들은 탄 것만으로도 행운이라 생각했는데 그런 생각도 잠시, 곧 지옥을 통과해야 했다. 꼼짝달싹도 못 하는 배에서 들리는 건 파도 소리뿐이었다. 눈앞에 보이는 건 칠흑 같은 어둠뿐이었는데 고개를 젖히면 하늘에 펼쳐진 별들이 쏟아질 듯이 반짝이고 있었다. 그것만이 우리들에게 유일한 낙이라면 낙이었다. 그때 보았던 별빛은 아직까지도 나를 밝혀주는 희망의 빛으로 기억되고 있다. 바다에서 보는 별들은 너무 많고 밝았다. 그것마저 없었다면 지금도 내 마음은 어둠 속에 사로잡혀 있었을 것이다.

어느덧 배가 그리스 연안에 도착했는지 해안가에 밝은 불빛이 보이기 시작했다. 그리스 해양경찰들은 이미 우리를 기다리고 있었다. 우리 사정을 설명할 필요도 없었다. 그들은 모든 걸 다 알고 있다는 표정으로 우리를 난민캠프로 데려갔다. 캠프에 도착하니 이미 수백 명의 난민들이 모여 있었다. 그들은 우리를 신입생 대하듯 했다. 이름과 행선지를 쓴 다음 우리는 열댓 명이 모여 있는 방을 배정받았다. 지낼 곳이 정해지자 급격하게 피로가 몰려왔다. 춥고 정신없는 와중에도 방 모퉁이에 자리를 깔고 누웠다. 돈과 서류를 모두 옷 속에 넣고 삼촌 옆에 웅크려 눕자 금세 잠이 들었다. 잠으로 빠져드는 순간에도 옷 속에 숨긴 돈이 불안했지만, 어쩔 수가 없었다. 캠프 안은 누군가를 믿을 만한 상황이 아니었지만 피곤함에 눈을 뜰 수가 없었다.

난민캠프는 사람이 있을 곳이 못 되었다. 우리가 배정받은 방은 최대 6명이 들어가는 곳이지만, 10명이 넘는 사람들이 북적대고 있어 생활하기가 힘들었다. 하지만 나처럼 방을 배정받은 사람은 그나마 나은 상황에 속했다. 그렇지 못한 사람들은 아무 곳에나 자리를 깔고 생활해야 했다. 정말 아무 곳에서나 담요를 덮고서 말이다. 그리스 사무원으로부터 이미 수용 인원의 3배가 넘었다는 이야기를 들었다. 너무 많은 사람들이 수용되어 있다 보니 곧잘 싸움이 일어나 다치거나 경찰과 충돌하는 일도 빈번했다. 어느 날엔 부실한 음식에 불만을 품은 사람들이 항의를 하자 그리스 진압 경찰이 와 최루탄까지 쏘면서 충돌한 적도 있었다. 난 하루 빨리 이곳을 벗어나고 싶은 마음뿐이었다.

어쨌든 나는 캠프에서 조금은 편하게 지낼 수 있었는데 학교에서 영어를 배운 덕분이었다. 내 영어 실력은 형편없었지만 난민들은 대부분 아예 영어를 하지 못했기 때문에 나는 캠프 내 통역원으로 통했다. 사람들은 내게 몰려와 요구 사항을 전달해

달라고 했고, 나는 그리스 사무원들에게 난민들이 이야기하는 사항들을 전하고 다시 답변을 들려주는 역할을 했다. 여러 사람에게 도움을 주는 존재가 되자 뿌듯한 마음이 들기도 했다. 삼촌도 내 덕분인지 편하게 지낼 수 있었다. 그리스 사람들 또한 같은 구역에 있는 난민들에게 전달할 일이 있으면 내게로 와서 이야기를 했다. 그렇게 2주가 지날 무렵, 삼촌은 나에게 이제 떠나야 할 때라고 말했다. 육지인 데살로니키로 가서 마케도니아, 세르비아를 거쳐 헝가리로 들어간다는 계획을 들려주었다.

## 그리스, 헝가리를 지나 독일로

나는 바짝 긴장해 떠나기 몇 시간 전부터 잠이 오질 않았다. 레스보스섬에서 데살로니키로 가는 배를 타러 새벽에 캠프에서 나와 항구까지 걸었다. 두 시간을 걸어서 항구에 도착하니 수십 명의 사람들이 육지로 가기 위해 나와 있었다. 그리스 경찰들도 여럿 있었는데 그들의 얼굴은 이미 우리에 대한 피로감으로 가득해 보였다. 그들은 아무런 제지 없이 우리를 배 위로 들여보내 주었다. 그들 곁을 지나면서 저들도 우리 때문에 잠도 못 자고 힘든 하루를 보내고 있구나, 싶은 생각이 들었다. 그러자 그들을 조금은 이해할 수 있었다.

데살로니키에 도착한 뒤 우리는 기차를 타고 그리스 국경

도시에 내렸다. 몇 시간을 내리 걸으니 그리스와 마케도니아 국경이 나왔다. 그리스 경찰들은 보이지 않았지만 마케도니아 경찰이 우리를 막아섰다. 우리는 그곳에 주저앉아 계속 기다렸다. 그리스로 돌아갈 수도 없고 국경을 통과할 수도 없어서 앉아 있는 것 말고는 할 수 있는 게 없었다. 국경 근처에 살던 몇몇 그리스 사람들이 친절하게도 음식과 물을 가져와 우리에게 건넸다. 아마 그 사람들의 도움이 없었다면 우린 모두 죽었을지도 모른다. 그들이 너무 고마웠다.

하룻밤을 그렇게 길에서 지내고 다음 날이 되자 마케도니아 경찰들 태도가 백팔십도로 바뀌었다. 우리를 마치 적으로 대하듯 하던 어제와 달리 오늘은 굉장히 표정이 밝아 보였다. 곧 경찰 대표가 와서는 우리에게 일장 연설을 했다. 주변을 둘러보니 기자들이 여럿 보였다. 경찰은 영어로 쓴 종이를 들고 읽었는데 아마도 기자들 때문에 태도가 바뀐 것 같았다. 나는 경찰이 하는 이야기를 모두 이해할 수는 없었지만 대략 우리를 마케도니아로 들여보내주고 세르비아 국경까지 가는 교통 편의를 제공하겠다는 내용이었다.

곧 우리는 국경을 지나 기차역으로 발걸음을 옮겼다. 그곳에는 우리들을 위한 기차가 대기하고 있었다. 수백 명이 되는 난민들이 기차에 오르자 금방 사람으로 가득 찼다. 기차는 한 번도 멈추지 않고 세르비아 국경까지 단숨에 달려가 우리를 내려주었다. 서너 시간 정도 걸린 것 같았다. 마케도니아 마지막 역에 내리자 경찰들이 나와서 우리를 맞아주었다. 다시 기찻길을 따라 3킬로미터 정도를 걸어 세르비아 국경에 도착했다. 세르비아 국경은 굳게 닫혀 있었고 철책 뒤에는 수십 명의 덩치 좋은 세르비아 무장경찰들이 우리를 노려보고 있었다.

우리는 다시 벽에 가로막혔다. 기다리고 걷고 기차를 타고 정말 힘들게 마케도니아 국경을 통과했는데 다시 길이 막혔다. 얼마나 오랫동안 이곳에서 기다려야 할지 모르는 상황이었다. 정말 막막했다. 나는 국경 지역에 주저앉아 다음 날도 그다음 날도 계속해서 기다렸다. 네 번째 밤이 지나가자 난민들 사이에서 시위를 벌이자는 말이 흘러나오기 시작했다. 언제까지 이렇게 있어야 할지 모르니 시위라도 하자는 것이었다. 나는 아직 어려서 가만히 있었지만 어른들은 곧 시위를 시작했다.

난민들은 철책을 밀기 시작했다. 그러자 세르비아 경찰들은 몇 차례 고함을 지르다가 최루탄과 물대포를 쏘기 시작했다. 사람들은 갑자기 쏟아지는 물줄기에 우왕좌왕하며 잠시 뒤로 물러났지만 다시 철책으로 달라붙기 시작했다. 서로 밀고 밀리는 공방이 계속되자 기자들이 몰려들었다. 기자들이 나타나자 세르비아 경찰들은 살짝 주춤하는 모습을 보였다. 조금 전까지만 해도 우리를 죽일 듯이 대하다가 갑자기 소극적인 자세를 취했다. 나는 그때 언론의 힘이 그렇게 큰 줄 처음 알았다.

다음 날 아침이 되자 세르비아 경찰들은 표정까지도 달라져 있었다. 곧 세르비아 경찰 대표가 영어로 입장문을 낭독하고 국경 문을 열어주었다. 나는 이렇게 세르비아에 들어오게 되었고, 유럽으로 가는 마지막 관문인 헝가리만 남은 상황이었다. 헝가리에만 들어가면 유럽은 어디든 마음대로 갈 수 있었다.

우리에겐 잠시 휴식이 필요했다. 세르비아 수도 베오그라드에 가서는 국가에서 제공해준 호스텔에서 이틀 밤을 지냈다. 수도인 베오그라드에는 우리와 같은 난민들이 주로 공원에서 지내는 모습이 보였다. 그중에는 같이 배를 타고 그리스 캠프에서 지냈던 시리아 출신 가족들도 있었다. 너무 반가워서 우리는 인사를 나누고 그동안 겪었던 이야기를 쉴 틈 없이 나누었다. 내가 독일로 갈 거라고 하자, 그들은 네덜란드로 갈 예정이라고 했다. 우리는 서로를 격려하며 다음 행선지에서 만날 것을 기약하고 헤어졌다.

우리는 호스텔을 떠나 다른 사람들과 무리 지어 헝가리 국경까지 기차를 타고 갔다. 국경은 거대한 철책으로 가로막혀 있었고, 완전무장한 헝가리 경찰들이 험상궂은 표정으로 우리를 노려보고 있었다. 마치 우리가 어떻게 여기까지 왔는지 다 안다는 표정으로, 결코 이 헝가리 국경을 넘지 못하게 하리라는 각오를 한 듯이 보였다. 그리스도 유럽연합에 속한 나라지만, 사실상 유럽과는 멀리 떨어져 있어 그곳이 유럽연합인지 잘 느껴지지 않았었다. 그런데 헝가리 국경에 꽂혀 있는 수십 개의 유럽연합 깃발을 보자 드디어 유럽에 가까이 왔구나 하는 실감이 들었다. 하지만 유럽까지 왔다고 해도 우리 운명이 어떻게 될지 아는 사람은 아무도 없었다. 이대로 국경 지대에서 지내게 될지도 모를 일이었다.

며칠이 지나자 갑자기 헝가리 쪽 국경 철책이 열렸다. 나와 삼촌은 잠시 어리둥절하다가 얼른 짐을 꾸려 국경선 안쪽으로 내달렸다. 주변에 있던 사람들도 하나둘 서두르기 시작했다. 수천 명의 난민들이 그렇게 국경을 넘었다. 나중에 헝가리 경찰로부터, 유럽연합이 난민들을 모두 받아들이라는 압력을 넣어 국경 문을 열었다는 이야기를 들을 수 있었다. 사람들은 국경을 넘어왔다는 사실에 모두들 환호했다. 몇몇 헝가리 사람들은 냉담한 반응을 보이기도 했지만, 어떤 사람들은 우리에게 준비해 온 물과 음식을 건네주기도 했다. 그들은 음식을 주며 손을 흔들기도, 격려의 말을 전하기도 했다.

나와 삼촌은 조금 걷다가 국경도시에 가서 기차를 타고 부다페스트로 향했다. 부다페스트 켈러티역에 도착하니 그곳에는 이미 수천 명의 난민들이 진을 치고 있었다. 그렇게 많은 난민을 본 건 나도 처음이었다. 켈러티역 안팎이 난민 천지였다. 곳곳에 텐트를 치고 자리를 깔고 앉아 있는데 난장판 그 자체였다. 나도 그들과 한 무리를 이루고 기다려야 한다니 눈앞이 깜깜해졌다. 더군다나 물이 부족한 게 가장 큰 문제였다. 수도꼭지 하나에 20명이 달려들어 세수를 하거나 발을 씻고 물을 받아갔다. 화장실도 청소가 되지 않아 지저분했고 너무 많은 사람들이 이용하다 보니 모든 게 형편없었다. 우린 마냥 기다리는 것 말고 할 수 있는 게 없었다. 그곳에는 시리아에서 온 난민들뿐만 아니라 이란, 파키스탄, 팔레스타인, 아프리카 등 세계 곳곳에서 온 난민들이 자리하고 있었다. 그리스 레스보스섬에서 함께 생활했던 난민들을 그곳에서 만나기도 했다. 그들과 마주치는 순간 우리는 서로 얼싸안고 인사를 나누었다. 잘 모르는 사이였지만 여기까지 무사히 왔다는 안도감과 반가움이 들어 나도 모르게 눈물이 흘렀다.

사흘쯤 지나자 상황이 달라지기 시작했다. 나흘 동안 완전히 정차되어 있던 기차들이 움직이는 낌새가 보이기 시작했고 몇 시간 후 기차에 올라타라는 소리가 들렸다. 기다리는 난민들에 비해 열차 칸은 턱없이 부족했지만, 다행히 기차가 출발하자 또 다른 기차가 플랫폼에 들어왔다. 나는 다음 기차에 올라타 자리를 잡았다. 기차는 사람들로 꽉 차서 자리를 잡기가 정말 어려웠다. 기차가 오스트리아에 들어서자 경찰들이 올라와 내부를 한번 둘러보았고 기차는 다시 출발했다. 밤새도록 달린 기차는 다음 날 아침 독일 뮌헨에 도착했다. 지친 몸을 이끌고 뮌헨역에 들어서는데 '난민을 환영합니다!'라고 적힌 플래카드가 보였다.

독일 시민과 경찰들이 모여 우리를 환영해주었다. 오랜 기간 제대로 씻지도, 먹지도 못했지만 마음 한구석이 찡하게 울려 왔다. 나는 삼촌의 손을 꼭 잡고 그들을 향해 걸어갔다.

## 아직도 전쟁 속에 살고 있는 가족들

우리는 독일 경찰의 에스코트를 받으며 곧바로 수용소로 향했다. 수용소에 도착하니 음식과 잠자리가 준비되어 있었다. 음식을 먹고 얼마간 있다 정부 공무원들과 인터뷰를 했다. 삼촌과 독일에 머물고 싶다고 하자 그들은 브레멘으로 옮겨 가라는 서류를 내밀었다. 서류를 들고 안내에 따라 우리는 기차를 타고 브레멘으로 향했다. 다시 수용소에서 얼마간 기다리자 이번에는 방이 두 개 있는 가정집으로 안내해주었다. 삼촌과 나는 각자 방을 사용하면서 생활할 수 있었다. 이곳에서 지낸 지 두 달쯤 되었을 때 시리아에 살던 숙모가 삼촌을 만나기 위해 독일로 와 함께 살게 되었다.

어느 날 삼촌은 나를 앞혀놓고 덴마크로 가야겠다고 말했다. 몇몇 친구들이 그곳에 일자리를 구해놓았다며 나에게 그간의 사정들을 이야기해주었다. 난민 처지인 우리에게는 물론 살기 좋은 곳은 없다. 그래도 삼촌에겐 꿈이 있었다. 나는 삼촌이 떠나는 게 아쉬웠지만 응원하고 싶었다. 나도 삼촌처럼 꿈을 가지고 살아가야겠다고 다짐했다. 이곳에는 나와 숙모만 남게 됐다. 나는 숙모를 엄마처럼 여기며 살고 있다. 그렇지만 나는 늘 마음속에 품은 가족들을 떠올리곤 했다.

아직도 부모님과 동생들은 시리아에서 살고 있다. 그곳은 언제 총알과 포탄이 날아올지 모르는 상황으로, 길거리를 다닐 때나 집에 있을 때도 갑자기 공격을 당하진 않을까 늘 걱정하며 위험한 일상을 살아야 한다. 반면 독일은 안전하고 평화로워서, 나는 하루 빨리 우리 가족들도 이곳으로 와 함께 살기를 손꼽아 기다리고 있다. 어느새 가족들과 떨어져 지낸 지 3년이 지났다. 이제 나는 독일어도 어느 정도 익숙해졌고, 학교에 다니며 친구들과 공부를 하며 지내고 있다. 앞으로 의과대학에 진학해 의사가 되는 게 꿈이다. 그러나 무엇보다도 가족들이 하루 빨리 독일로 와 함께 살아가는 게 나의 가장 큰 꿈이다.

# 유럽으로 가서
# 돈을 벌어야겠다고 생각했다

내 이름은 크라시미르이다. 스물한 살이며 지금 독일에 살고 있다. 불가리아 수도인 소피아에서 100킬로미터 떨어진 작은 시골 마을이 내 고향이다. 나는 고등학교를 졸업하면서 유럽으로 가서 돈을 벌어야겠다는 생각을 했다. 불가리아도 유럽이지만 부패와 가난으로 유럽연합에 뒤늦게 가입했다. 그러나 불가리아에서는 불가리아 화폐인 레프 대신 유럽연합의 통화인 유로화가 더 많이 쓰여서, 나는 어릴 때부터 "유로를 벌어야 한다"는 말을 귀에 못이 박히도록 들어왔다.

　나는 3년 전 친구들과 함께 독일 쾰른에 왔다. 우리는 축구를 좋아해 유명한 축구팀이 있는 쾰른이나 가까운 도르트문트에 살자고 자주 이야기해왔다. 불가리아 여권이 있어 유럽연합에 들어오는 것은 어렵지 않았으나 막상 독일에서 생활하기는 쉽지 않았다. 모든 게 촘촘히 짜여진 사회에서 비합법적으로 일자리를 구하기란 여간 어려운 일이 아니었다. 무엇보다 집을 얻어야 하는데 목돈이 없다 보니 지낼 곳을 마련할 수가 없었다. 우리는 아무 데서나 잠을 잤고, 주소가 없으니 당연히 체류증을 만들 수가 없었다. 만약 일자리를 찾는다 해도 고용주가 신분증을 요구하면 결국 쫓겨나는 경우가 부지기수였다.

당연히 합법적인 일은 할 수 없었고, 하루하루 일해서 일당을 받는 일용직 일자리만 구해야 했다. 그마저도 우리와 같은 사람들이 많아 경쟁이 치열했다. 일이 있어 갈 수 있으면 다행이지만, 그렇지 못한 날은 하루 종일 아무 일도 하지 못하고 돌아와야 했다. 고향에서는 계속 돈을 부쳐달라는 연락이 온다. 고향 사람들은 내가 독일에서 자리 잡아 성공했다 생각하지만 실상은 전혀 그렇지 않다. 그래도 유로를 벌어 조금이나마 가족들에게 도움이 되고 싶은 마음 하나로 버티고 있다.

### 합법적으로 일을 하고 싶다

함께 불가리아에서 온 친구들은 임금이 더 높은 스위스나 영국으로 가서 허드렛일이라도 해야겠다며 떠나버렸다. 아프리카나 중동에서 온 비합법 난민들은 아예 일자리를 얻을 수조차 없다. 만약 난민으로 인정받아 노동 허가증을 받는다고 해도 독일 기업들은 가급적 그들을 고용하지 않으려고 한다. 난민을 신뢰할 수 없다는 것이 그 이유다. 또한 아프리카나 중동에서 온 난민들은 독일의 노동시장과는 전혀 맞지 않는다. 독일 회사가 요구하는 기술이나 지식을 갖추고 있지 않기 때문이다. 나처럼 세르비아나 불가리아에서 온 비합법 이민자들의 상황도 크게 다르지 않다.

설령 비합법 이민자들을 고용한다고 해도 독일 고용주들은 여러 이유로 낮은 임금을 주려 드는데, 이 사실이 발각되면 엄청난 벌금을 물어야 한다. 독일은 비합법 이민자를 고용하는 데 다른 나라들보다 훨씬 큰 부담을 안고 있다. 또한 독일은 많은 수의 난민을 받고 있어, 수백만 명의 난민들이 사는 만큼 그 통제를 엄격히 한다. 당연히 나 또한 안정적인 일자리가 아닌, 있다가 없다가 하는 일을 하며 겨우 생활하고 있다.

그런데 또 다른 문제는 일을 하고 돈을 받지 못할 때가 많다는 점이다. 일을 마치고 돌아갈 때 일당을 주는 고용주가 있는가 하면, 일한 다음 날 일당을 주겠다는 고용주도 있다. 이런 경우에는 대개 임금을 떼일 확률이 높다고 볼 수 있다. 어떤 고용주들은 도리어 우리를 경찰에 신고하겠다고 협박하며 끝까지 임금을 주지 않으려 한다. 이런 일을 당한 사람들 가운데 몇몇이 모여 인권 단체에 찾아가 임금을 받아달라고 호소하곤 하는데, 인권 단체조차도 돈을 받아내지 못하는 경우도 있다. 비합법적으로 일을 할 수밖에 없는 우리의 상황을 이용해 착취하는 고용주들은 정말 악독한 사람들이다.

나는 버려진 버스를 개조한 곳에서 지내는데, 겨우 잠만 자고 나오는 식으로 생활하고 있다. 주소가 없는 곳이니 수도나 전기 같은 기본적인 설비가 마련되어 있지 않다. 이곳에서 지내는 사람은 모두 4명으로, 각각 불가리아에서 온 나와 세르비아, 알바니아, 루마니아에서 온 사람들이다. 생활하는 처지는 모두 비슷하며 언어가 달라 영어로 소통을 하고 있다. 아니면 짧은 독일어를 사용하기도 한다. 사실 모두 영어를 능숙하게 하는 편이 아니라 지극히 기본적인 대화 정도만 나누며 지낸다. 그래도 서로를 이해하려 노력하고 있어 큰 충돌 없이 살고 있다.

어떨 땐 정말 이 생활을 집어치우고 불가리아로 돌아가서 가난하지만 평화롭게 살고 싶다는 마음이 치밀다가도, 한번 결심했으면 그래도 뭔가 이뤄야 하지 않겠냐는 생각이 들곤 한다. 외줄 타기를 하듯 위태로운 나날이다. 그래도 아직까지는 가족들을 생각하며 버티고 있다. 내년이 되어도 희망은 보이지 않고 지금처럼 이렇게 생활한다면, 그땐 모든 걸 그만두고 불가리아로 돌아갈 생각이다.

## "우리에게 빈자리가 있다"

"누구도 불법이 아니다." "망명은 인권이다." "인권은 모두를 위한 것." 그리스 레스보스섬 모리아 난민캠프의 화재로 갈 곳을 잃은 1만여 난민들을 독일로 데려와야 한다는, 베를린 시위 현장에서 볼 수 있는 구호들입니다. 이날 베를린 시위에는 5000명이 참석했습니다. 독일은 유럽 가운데 난민 문제 해결에 가장 적극적으로 나서고 있는 국가입니다. 2015년 시리아 내전으로 난민이 몰려든 때에도 국경을 열어 100만 명이 넘는 난민을 받아들였으며, 시위가 열린 2020년 9월까지도 시민들이 나서서 난민 수용에 대한 목소리를 높이고 있습니다. 독일 시민들은 왜 난민 수용에 적극적으로 나서는 걸까요? 난민들을 대거 받아들이고 5년이 지나는 동안에도 국가 재정이 흔들리지 않았으며, 사회에 적응한 난민들이 필요한 인력으로 자리 잡은 결과, 독일 시민들은 정치권에 신뢰를 갖게 되었습니다. 물론 이 시위가 독일 국민 전체의 의견은 아닙니다. 하지만 자신들을 위해 목소리를 내준 사람들이 있다는 사실만으로도 난민들은 큰 힘을 얻지 않을까요?

● 유럽행 난민

## 옷차림과 사는 지역이
## 다르다는 이유로 쫓겨난다면?

중고등학교 때는 우리 동네 안팎에 사는 친구들이 대부분이었어요. 그런데 대학교에 진학해서 보니 한 번도 가본 적 없는 지역에서 온 친구들이 많아요. 중고등학교 때는 서로 가까운 곳에 살며 같은 교복을 입어 사는 환경에서 큰 차이를 느끼지 못했어요. 물론 겉으로 보이는 게 다는 아니지만요. 그런데 대학교에 오니 옷차림도, 사는 지역도, 교통수단도, 한 달 용돈도 모두 달라요. 그때 강의실에서 누군가 자기와 옷차림이 다르다고, 다른 지역에 산다고 나를 쫓아내거나 구석진 불편한 자리에만 앉게 한다면 어떨까요?

언젠가 우리나라에서 흑인이라는 이유로, 돈을 냈는데도 목욕탕에 출입하지 못하게 한 경우가 있었습니다. 제주도에서는 샤워 시설을 이용하기 위해 수영장을 찾은 난민을 거부한 사례도 있었습니다. 타인의 입장에서 보면 나도 '다른 사람'입니다. 우리는 누구나 서로에게 다른 사람일 뿐입니다. 그런데 그 '다르다'는 이유로 차별과 배제를 당한다면 당사자의 마음은 어떨까요? 그 고통스러운 마음을 한 번쯤 헤아려보는 우리가 되면 좋겠습니다.

로힝야 난민

## 로힝야족은
## 왜 난민이 되었는가

2017년 8월 26일은 로힝야인들에게 잊을 수 없는 날입니다. 갑자기 들이닥친 미얀마(옛 버마) 군인들의 공격으로 로힝야 사람들은 간단한 짐만 들고 마을을 떠나 국경 너머인 방글라데시로 도망가야 했습니다. 2017년 발생한 로힝야족에 대한 미얀마 정부군의 추방 작전은 처음이 아니었고, 20세기 들어 이미 몇 차례나 있었던 사건입니다. 그럼에도 그동안 로힝야 민족이 받아온 탄압은 제대로 조명되지 않았는데, 2017년에 비로소 세계 언론으로부터 주목을 받으며 그 실상이 전해지기 시작했습니다.

'인종 청소'라 불릴 만큼 잔인했던 로힝야족에 대한 미얀마 정부의 탄압은, 전날인 8월 25일에 로힝야 반군 아라칸 로힝야 구원군(ARSA)이 미얀마 정부군의 군사 포스트 30여 개를 공격한 뒤 벌어진 일입니다. 이 사건이 일어나자 미얀마 정부군과 미얀마 불교도 무장단체들은 로힝야인들이 살고 있는 마을을 무차별적으로 공격하기 시작했습니다. 군인들은 마을을 불태우고 남녀노소 가리지 않고 총을 쏴 수많은 사람들을 살해했습니다. 살아남은 로힝야 사람들은 미얀마군을 피해 방글라데시 국경을 넘었으나 물과 음식을 구할 수 없어 또 다시 죽음을 피할 수 없었다고 합니다.

역사를 거슬러 올라가 살펴봐야 할 만큼 로힝야족과 미얀마(버마족)는 긴 시간 동안 긴장 관계를 유지해왔습니다. 로힝야족이 살아온 미얀마 서부 라카인주에서는 역사적으로 오랜 기간 동안 미얀마 불교도들과 로힝야 무슬림들 사이 충돌이 이어져왔습니다. 1885년 3차 영국-버마 전쟁으로 미얀마는 결국 영국령 인도에 속하게 되는데, 그 가운데서도 라카인 지역은 1826년 1차 영국-버마 전쟁에서 패배한 뒤 다른 지역보다 먼저 영국 식민 통치하에 들어갔습니다.

영국은 소수민족으로 이뤄진 미얀마 내부 특성을 이용해 인종 분리 정책을 펼쳤습니다. 다수를 차지하는 버마족을 억압하기 위해 불교 국가인 미얀마에 무슬림 로힝야족을 지배 계층으로 이주시켜 둘 사이 반목을 야기한 것입니다. 두 세력 사이 충돌은 2차 세계대전이 일어나면서 로힝야 무슬림들이 영국군을, 미얀마 불교도들이 일본군을 지원하면서부터 심해지기 시작했습니다. 영국은 전쟁이 끝나면 독립국가 건설을 지원하겠다며 로힝야족을 끌어들여 일본에 대항해 전투를 벌이게 해놓고, 결국 로힝야족과 한 약속을 지키지 않았습니다.

2차 세계대전이 끝나고 1948년 미얀마는 불교도 중심 국가로 독립했지만 로힝야족은 독립은커녕 영국으로부터 아무런 대가도 얻지 못하게 됩니다. 더불어 미얀마 정부로부터 시민권을 부정당하면서 구조적인 차별에 시달리기 시작합니다. 그 과정에서 수많은 로힝야 사람들은 난민이 되어 이웃 국가인 방글라데시로 피난을 떠나게 되었습니다. 1970년대에 미얀마 정부가 외국인을 검열하기 시작하면서 당시 20만 명의 로힝야족이 방글라데시로 피난을 떠나게 되었고, 1991년과 1992년에도 미얀마 정부의 탄압으로 25만 명이 피난길에 올랐습니다. 이 숫자는 로힝야족 피난 역사에서 가장 큰 규모로 기록되고 있습니다.

당시 미얀마 정부군은 로힝야 여자들을 강간하고, 강제 노동과 종교 탄압 등을 자행하여 국제적인 비난을 받았습니다. 하지만 2012년, 2015년, 2016년에도 탄압은 계속되었으며, 그 불씨는 결국 2017년 8월 로힝야 무장세력의 저항으로 이어져, 미얀마 정부군이 공격을 당하게 됩니다. 그 공격은 다시 로힝야족에 대한 무차별적인 공격으로 돌아오면서 민족 전체라 할 수 있는

방글라데시 수도 다카에서 이슬람교도들이 2017년 8월에 일어난
미얀마 정부의 로힝야족 탄압을 규탄하며 미얀마 대사관을 향해
시위를 벌이고 있다. 방글라데시 정부는 도망 온 로힝야 난민들을
유엔 난민촌에서 보호하고 있으나 거주에는 반대하는 입장이다.
© Sk Hasan Ali

100만 명이 정착지를 떠나 피난민이 되는 결과를 초래했습니다. 대부분의 로힝야족은 가까운 방글라데시로 넘어가 난민캠프에서 생활하고 있습니다. 로힝야족은 끝없는 항쟁의 역사 속에서 여전히 난민으로 세계를 떠돌고 있는 실정입니다.

## 천막에서 살아가는 100만 명의 난민들

현재 로힝야 난민들의 생활은 계속해서 악화되고 있습니다. 거의 100만 명이 모여 사는 난민촌에는 기본적인 위생 시설들도 갖춰져 있지 않아, 전염병 등으로 많은 사람들이 위험에 처할 환경에 놓여 있습니다. 현재 난민들은 언제라도 목숨이 위태로워질 만한 문제들을 품고 살아가고 있습니다.

아울러 난민캠프에는 로힝야 무장단체나 갱단이 활개를 치고 있습니다. 사실상 난민촌은 이들에 의해 지배되고 있습니다. 난민촌은 외부로부터 독립된 완전한 치외법권 지역으로 방글라데시 정부도 손을 놓고 있는 곳입니다. 즉, 여기서는 범죄가 일어나도 합법적인 해결이 어렵고 도리어 범죄 집단인 자경단이나 갱단이 해결의 주체가 되어버립니다. 범죄를 저지르는 집단이 해결까지 맡고 있는 셈입니다. 당연히 가족과 친척들, 지인들 사이의 강고한 유대와 무장조직과의 좋은 관계 유지만이 생존의 유일한 방법이 됩니다.

　로힝야 난민들은 무장투쟁 조직들로 인해 한곳에 머물지 못하고 이리저리 옮겨 다니며 살아갑니다. 무장단체들은 이따금 미얀마 정부군이나 시민들을 공격하여 사람들을 다치게 하거나 죽게 만들고, 심지어는 강간까지 일삼고 있습니다. 하지만 그 피해는 평범한 로힝야 난민들에게로 돌아갑니다.

　아라칸 로힝야 구원군은 무장투쟁으로 권리와 땅을 되찾아 독립국가를 건설해야 한다고 주장합니다. 로힝야 사람들 대다수는 이들을 좋아하지 않습니다. 이들로 인해 원치 않은 피해를 입으며 마을을 떠나 난민으로 살아가야 한다는 사실을 잘 알고 있습니다. 대중은 이들을 지지하지 않지만 이들은 무장력과 조직력을 갖춰 사실상 난민들을 지배하고 있습니다. 이들 민병대원들은 사실상 지하드 용사로서 훈련을 받아왔고, 지하드 전쟁을 도와주는 나라들로부터 암암리에 무기와 돈을 지원받고 있습니다. 말레이시아, 파키스탄, 아프가니스탄과 호주 등에 산재해 있는 지하드 그룹들은 로힝야 구원군을 이슬람교 지하드 차원에서 지원해주고 있습니다. 그들은 평화롭게 살기 원하는 대다수 로힝야족 역시 지하드를 지지하고 있는 것처럼 민족 전체를 왜곡해오고 있습니다. 그러나 대부분 이슬람 국가들은 공식적으로 지하드를 배척하고 있으며 무장조직의 결성과 활동을 금지하고 있습니다.

방글라데시 정부도 로힝야 구원군을 국가에 대한 위협 요인으로 판단해 이들을 적대시하는 정책을 써오면서 로힝야족이 방글라데시로 들어오는 것을 막았습니다. 그러나 제반 사정을 모르고 단지 난민이라는 상황에 초점을 맞추는 국제 여론에 떠밀려 로힝야족을 받아들일 수밖에 없었습니다. 로힝야 난민들은 미얀마 정부군과 미얀마 불교도 민병대의 무차별적인 공격을 피해 방글라데시 국경을 넘어왔지만, 난민촌에서도 사실상 난민들을 지배하는 그룹은 로힝야 구원군 민병대원들입니다. 당연히 이들의 지배를 받아들이지 않으면 난민촌에서도 살아남기 힘든 상황이어서 많은 수가 가까운 도시인 콕스바자르로 옮겨 가 거리에서 노숙자로 살거나 친지들의 도움으로 가까스로 삶을 이어가고 있습니다.

## 비합법 체류자가 된 민족

사실 미얀마는 수십 년 동안 세계에서 잊혀왔던 지역입니다. 당연히 로힝야라는 민족의 이름도 처음 들어본 사람들이 대부분일 것입니다. 미얀마는 '아웅산 수치'를 통해 세계에 알려지기 시작했습니다. 노벨 평화상을 받은 아웅산 수치는 미얀마의 국가자문역을 맡고 있는데, 그 정부의 군대가 로힝야족을 탄압한

중국

방글라데시

인도

콕스바자르

미얀마

라카인주

로힝야 난민들은 미얀마 라카인주와
방글라데시 콕스바자르 난민캠프에
흩어져 살고 있다.

다는 언론 보도가 나오자 영국 국민들 사이에서는 아웅산 수치의 노벨 평화상을 취소해야 된다는 여론이 일었습니다. 참 아이러니한 현실입니다. 2차 세계대전 당시 영국은 로힝야족에게 독립국가를 약속하고 도움을 받았지만, 전쟁이 끝나자마자 약속을 어겨 지금의 파국의 기초를 놓았습니다. 그런 장본인 격인 나라에서 인권에 대해 말한다는 사실이 너무 아이러니합니다.

앞서 이야기한 대로 로힝야족과 미얀마 정부 사이 충돌은 2017년에 갑자기 터져 나온 게 아닙니다. 수십 년, 수백 년 동안 쌓여온 역사가 2017년 로힝야족 학살 사건에 담겨 있습니다. 로힝야 난민 역사는 영국의 역사학자 아놀드 토인비가 《역사의 연구》에서 말한 '도전과 응징'이라는 프레임에 맞을 수도 있다는 생각이 듭니다. 무슬림 소수민족인 로힝야족이 다수이자 권력인 미얀마 정부와 불교도 국민들에 반해 도전을 거듭하고, 이에 미얀마 정부와 불교도들의 응징과 복수가 반복되는 역사, 이 고리를 끊어낼 방법은 무엇인지 생각해보게 됩니다.

물론 도전과 응징 가운데 하나가 없어진다면 자연히 순환적 고리는 끊어지겠지만 그렇게 간단한 문제였다면 이미 오래전에 해결되었을 것입니다. 고리를 끊을 단초는 제3자의 개입에 있습니다. 강대국들이 이 지역에 관심을 두고 있지 않은 동안에도 계속해서 같은 일이 터지고 있습니다. 시간이 흘러 배우들은 교체되지만 같은 무대 세팅 속에서 이전 각본에 따라 같은 연극

이 반복됩니다. 다음 세대 난민들은 계속해서 방글라데시 국경 지대로 피난을 떠나고 있습니다.

문화와 종교, 인종이 서로 다른 민족들이 같은 땅에 산다는 건 대단히 힘든 일입니다. 그렇다고 별수 없다며 내버려둘 수만은 없습니다. 미얀마와 로힝야족은 서로 다른 종교를 가지고 있지만, 두 종교 모두 평화와 사랑을 강조합니다. 폭력과 살인, 증오와 복수를 부르짖는 자들은 진정한 불교도 혹은 무슬림이 아닙니다. 이들 사이에 일어나는 충돌은 결코 대다수 사람들의 바람은 아닐 것입니다. 그들 사이에서 평화롭게 공존하기를 원하는 사람들이 힘을 가진다면 로힝야족과 미얀마 정부는 충분한 협상을 통해 함께 살 길을 찾을 수 있다고 나는 믿습니다.

로힝야족은 자기 정체성만 고집하거나, 정부에 대한 불만만 토로하기보다 미얀마 국민으로 살겠다는 의지와 신뢰를 보여줘야 합니다. 미얀마 영토에서 로힝야족은 대개 충돌을 일으켜왔기 때문에 미얀마 국민들과 정부는 그들이 분리 독립을 원하는 무슬림 분리주의자들이라는 의구심을 품고 있습니다. 한편 미얀마 정부는 로힝야족이 처한 상황을 들여다보면서 이들을 국민으로 포용하여 나라 안에서 살 수 있는 권리를 보장해줘야 합니다. 결국 대화를 통한 신뢰 회복과 양보, 포용만이 상호 공존으로 향하는 길이 됩니다.

## 나는 공부를
## 하고 싶은 학생이다

내 이름은 모하메드이다. 로힝야족 출신으로 스무 살 학생이다. 난민이기 때문에 대학교에 가서 공부를 더 하고 싶어도 할 수 없는 신세이다. 물론 난민촌에 들어오기 전, 미얀마에서도 교육이 가장 큰 문제였다. 난민촌에서는 아예 제도적인 교육이 전무한 상태다. 종교를 중심으로 가르치는 교육이 있을 뿐, 세속적인 학문인 수학과 물리, 화학, 역사 등 학교에서 가르치고 배우는 교육 시스템이 없는 것이다. 내가 지금까지 다닌 학교라고는 이슬람 사원에서 코란을 가르치기 위해 열었던 마드라사라는 이슬람 학교가 전부였다.

이슬람 성직자들은 코란을 가르치고 있지만, 지하드적 관점으로 해석한 코란을 가르치기 때문에 결국 아이들을 과격한 이슬람 전사로 길러내는 셈이다. 마드라사 학교 출신인 나도 오랫동안 코란을 공부했으며 지하드의 관점에서 코란을 배웠다. 그럼에도 나는 이들이 가르치는 내용이 전부 맞다고 생각하지 않으며, 이런 해석은 잘못됐다고 믿고 있다. 물론 누구에게도 이 사실을 말하지 않았지만 뜻이 통하는 가까운 친구들끼리는 서로 이야기를 나누고 있다. 같이 공부했던 친구들 가운데 몇 명은 로힝야 구원군에 들어가 활동한다. 얼마 전 같은 반 친구가 미얀마 정부군을 공격하는 데 참가했다며 늘어놓은 무용담을 들은 적도 있다. 이 친구는 지금 자경단 소속으로 난민캠프에서 치안을 담당하고 있다. 마드라사에서는 세속적 교육이나 과목들을 공부하는 일이 모두 금지되어 있다. 방글라데시 정부는 난민캠프에서 일어나는 교육 문제에는 전혀 개입하지 않고 있어 이곳 아이들의 미래는 어둡다.

나는 방글라데시 국경을 넘어와 유엔난민기구에서 제공한 천막에서 살고 있다. 이곳에서 지낸 지 벌써 2년이 지났지만, 언제 다시 미얀마 국경이 열려 우리가 살던 고향으로 돌아갈 수 있을지 모르는 상황이다. 이곳에서 나처럼 천막 생활을 하는 사람들은 거의 100만 명 가량으로, 이는 로힝야 인구의 90퍼센트에 해당하는 숫자이다. 우리 민족은 최근 미얀마 군대의 학살을 피해 살던 터전에서 도망쳐 방글라데시 국경 지대로 넘어오면서 언론의 보도를 받아 유명해졌다. 하지만 이런 일은 오래전부터 계속되어온 일이라고 부모님과 친척들로부터 들었다. 당시 우리가 미얀마를 떠나 방글라데시로 오는 것은 쉽지 않았다. 국경을 지키던 방글라데시 정부군이 우리가 넘어오는 것을 막았기 때문이다. 미얀마로 돌아갈 수도 없고 방글라데시로 나아갈 수 없는 상황에서 많은 사람들이 갈 길을 잃고 제자리에 서 있었다. 몇몇 사람들은 그 자리에서 실신을 하기도 했다.

우리가 방글라데시로 피난한 일이 방글라데시 정부에 큰 부담이 된다는 사실은 충분히 이해한다. 방글라데시는 비록 무슬림 국가이긴 하지만 가능한 한 미얀마와 더 나은 외교관계를 가지기를 원하고 있다. 방글라데시 정부가 공식적으로 로힝야족의 월경을 막고 있지만 방글라데시 국민들이 우리 로힝야족을 같은 민족으로 여기고 있음을 알고 있다. 사실 우리 민족이 쓰는 언어는 방글라데시 남동부 치타공 사람들이 쓰는 언어와 거의 비슷하다. 따라서 우리는 방글라데시 국경 지대 주민들과 원활하게 소통할 수 있다. 우리가 방글라데시 국경을 넘을 당시 몇몇 치타공 지역민들은 먹거리를 준비해 우리들을 맞아주었고, 생존할 수 있게 도와주었다. 나는 그들이 준 도움을 잊지 못할 것이다.

## 수백 년을 살아왔지만, 국적 없는 외국인이 되었다

우리는 미얀마에 살면서도 미얀마 '국민'으로는 살지 못했다. 1982년 미얀마에서는 시민권법이 개정됐다. 1824년 영국 식민지령 이전에 미얀마에 살고 있었다는 증거가 있는 사람들에게만 시민권을 부여하겠다는 내용이었다. 그런데 로힝야 사람들이 1824년 이전부터 이곳에서 살았다는 증거를 문서로 제출하기는 사실상 불가능에 가까웠다. 로힝야 사람들 대부분은 이 분류에 포함되지 않았다. 조상 대대로 미얀마 영토에서 살아왔지만 대부분 그 사실을 증명할 방법이 없어, 로힝야 사람들은 시민권법이 개정된 이후로 한순간에 외국인이 되었다. 미얀마에서 수십 년, 수백 년을 살아왔지만 우리는 국적이 없는 사람들이 되어버린 것이다.

미얀마 국민으로 인정받지 못하기 때문에 우리는 병원에 가서 제대로 된 치료를 받을 수가 없었다. 물론 돈을 많이 지불하면 치료를 받을 수 있었지만, 가난한 로힝야 사람들에게 그것은 거의 불가능했다. 사람들은 대부분 아파도 병원에 가지 않고 참으며 민간 의료에 의지했다. 많이 아픈 경우에는 현대 의학의 혜택을 받지 못한 채 그냥 죽음을 맞이해야만 했다.

미얀마 사람들 대부분은 불교도이다. 무슬림인 우리 로힝야 사람들은 종교적으로도 계속적인 차별을 받아왔다. 나는 태어날 때부터 무슬림이었고, 무슬림으로 죽을 것이다. 내가 선택한 게 아니라 부모님으로부터 대물림 받은 것이지만 나는 종교를 바꾸고 싶은 마음은 없다. 내 이름인 모하메드는 이슬람에서 온 것이며, 종교를 바꾸는 것은 로힝야 사람이라는 정체성을 부정하는 것이기도 하다. 우리는 소수 무슬림으로 미얀마에 살며 아주 작은 이슬람교 예배당인 모스크를 다녔다. 내가 살던 마을에서 멀지 않은 도시에는 불교도가 많이 살아 호화롭게 지어진 절들을 쉽게 볼 수 있었다. 수많은 수도원들을 비롯해 불탑 사원인 파고다들을 볼 때면, 우리가 가는 모스크와 너무 대조적이라 위화감이 들기도 했다. 현재 우리 로힝야 사람들은 난민캠프에서 벗어나 다시 고향으로 돌아갈 날만을 기다리고 있다.

2012년 미얀마 서부 라카인주에 살고 있는 로힝야 난민들을 돕기 위해 유엔난민기구에서 식량과 식수를 공급하고 대피소를 만들어주었다. ⓒ DFID(영국국제개발부) Burma

## 일상적 의미의 난민과
## 법률상 난민은 어떻게 다를까

국어사전에서 난민을 찾아보면 '전쟁이나 재난 따위를 당하여 곤경에 빠진 백성' 또는 '가난하여 생활이 어려운 사람'이라는 뜻풀이가 나옵니다. 그래서 일반적으로 난민이라 하면 전쟁이나 기아, 재해 등으로 곤경에 빠져 원래 거주지를 떠나 대피하는 사람들을 떠올립니다. 법무부에서는 이것을 일상적 의미의 난민이라 설명하고 있습니다. 그런데 법률에서 난민은 조금 다른 의미를 더하고 있습니다. '출신 국가로 돌아가면 박해를 받을 가능성이 있어 다른 나라의 보호를 필요로 하는 사람'이 바로 법률상의 난민입니다. 유엔난민협약과 우리나라 난민법에서는 더 구체적으로 '인종, 종교, 국적, 특정 사회집단의 구성원 신분 또는 정치적 견해로 박해받을 수 있다고 인정할 충분한 근거가 있는 공포로 인하여 국적국의 보호를 받을 수 없거나 보호받기를 원하지 않는 자'를 난민이라 규정하고 있습니다. 따라서 난민으로 인정받기 위해서는 법률상 난민에 해당해야 합니다. 법률상 난민은 망명자에 가까우며, 자연재해, 전쟁, 탄압 등을 이유로 강제적으로 떠나게 되는 비자발적 이민에 해당됩니다.

● 로힝야 난민

## 갑자기 낯선 사람들이 찾아와
## 살던 곳에서 떠나라고 한다면?

나는 할머니, 할아버지와 같은 동네에 살고 있습니다. 이 마을
은 오래전부터 할아버지 가족들이 살아온 곳으로, 우리 가족
은 고조할아버지 집터에 집을 지어 살고 있습니다. 이제 마을
은 아파트와 빌라로 가득 차 예전 모습을 찾아보기 힘들지만,
할아버지는 아직 남아 있는 옛 마을의 흔적을 발견할 때마다
반가워하며 이야기를 들려줍니다. 할아버지의 할아버지 때부
터 많은 친척들이 이곳에서 태어나 살았고, 앞으로도 살아갈
것입니다. 그런데 갑자기 누군가 나타나 "이제 이곳에는 다른
사람들이 살아야 하니 기존에 살던 사람들은 모두 나가라"고
한다면 어떤 기분일까요? 로힝야 사람들은 그렇게 난민이 되
었습니다. 수백 년 동안 살아온 곳에서 갑자기 쫓겨나 다른 나
라로 갔지만, 그곳에서도 받아들여주지 않아 난민이 되었습니
다. 민족 전체가 삶의 터를 잃고 난민이 된 것입니다. 그들은
지금 이 시간에도 그렇게 살아가고 있습니다.

예멘 난민

## 예멘
## 내전

예멘은 1918년 예멘아랍공화국인 북예멘과 영국령 남예멘으로 나누어졌습니다. 그리고 1967년 식민 통치를 해왔던 영국이 떠나면서 남예멘에서 국가가 수립된 바 있습니다. 그렇게 남과 북으로 분단되어 있다가 1990년 5월이 되어서야 통일되었습니다. 오랜 기간 분단국가로 살아오면서 예멘은 여러 내전을 겪었으며, 통일된 이후 인구가 많은 북예멘 쪽으로 권력이 몰리자 빈곤 문제가 심각했던 남예멘 쪽 사람들은 끊임없이 소외와 불만의 목소리를 내고 있습니다. 여기에다가 종교 문제까지 더해져남과 북 사이 분열과 대립은 여전히 지속되고 있습니다. 예멘 내

남과 북으로 나누어져 있던 예멘은 1990년 5월 22일 통일을 하였지만, 여전히 국가 내 분쟁은 계속되고 있다.

전이 일어나는 이유 가운데 하나로 주변 나라들의 개입 및 지원도 들 수 있습니다. 아랍에미리트는 예멘 내 남부 분리주의 세력을, 사우디아라비아는 예멘 정부군을 지원하고 있습니다. 그 외에도 다른 이슬람 국가들까지 더해져 이해관계는 더욱 복잡하게 얽히고설켜 있습니다.

예멘 내전은 2011년 튀니지에서 시작된 '아랍의 봄'에 근원을 두고 있습니다. 아랍의 봄바람이 예멘으로 불어오면서 오랫동안 독재자로 군림해왔던 '알리 압둘라 살레'가 권좌에서 쫓겨나고, 부통령인 '압드라부 만수르 하디'가 권력을 계승했습니다. 하디가 권력을 계승하면서 예멘의 정치적인 문제는 잠시 가라앉을 것으로 예상됐지만 무장세력의 공격과 부패, 식량 공급의 불안정성, 전 대통령인 살레에 충성하는 군부 내부 갈등 등이 계속 수면 위로 올라왔습니다.

2014년경에는 시아파 무슬림 그룹인 후티파의 무장투쟁이 격화되었고 결국 그들이 수도인 사나를 점령하기에 이르렀습니다. 대통령 하디는 해외로 망명을 떠나는 신세가 되었고, 다음 해에는 시아파에 맞서는 수니파의 종주국인 사우디아라비아를 비롯한 여러 나라들이 반후티 연합군을 결성해 후티 무장세력을 공격하기 시작했습니다. 반후티 연합국은 하디 정부를 복원시키기 위해 공습을 한다는 이유를 내걸었고, 그렇게 예멘 내전이 시작된 것입니다. 시아파인 후티 무장세력 뒤에서는 시아파의 종주국인 이란이 지원을 하는 것으로 알려져 있지만, 이란은 이를 부정하고 있습니다. 더욱이 북한도 비밀리에 후티파를 지원하는 국가로 알려져 있습니다.

전쟁의 결과, 현재 800만 명 이상이 굶주림에 죽어가는 상황에 있으며 전체 인구의 75퍼센트인 2200만 명이 외부의 지원을 고대하고 있습니다. 무엇보다도 제대로 정수된 물이 공급되지 않기 때문에 수만 명이 콜레라 창궐로 사망한 것으로 알려져 있습니다. 결국 모든 피해는 예멘에 살고 있는 평범한 사람들에게 돌아가고 있습니다. 예멘 사람들은 언제 다시 일어날지 모르는 전쟁의 불안 속에서 지금도 굶주림과 전염병에 시달리며 살아가고 있습니다.

● **아랍의 봄**

2010년 12월 17일 튀니지 청년 모하메드 부아지지는 시청 앞에서 자기 몸에 불을 지릅니다. 당시 스물여섯 살이던 청년은 6명의 동생을 책임져야 했기에 무허가로 청과물을 파는 노점상을 운영하고 있었습니다. 하지만 경찰 단속에 걸려 팔고 있던 과일들을 모두 빼앗기고, 몇 번이나 시청에 찾아갔지만 문제는 해결되지 않았습니다. 결국 청년은 스스로 몸에 불을 붙였고, 분노한 시민들이 대대적인 시위에 나섰습니다. 이 사건은 튀니지의 국화 재스민에서 이름을 따 '재스민 혁명'이라 불리게 되었습니다. 재스민 혁명은 독재정권 아래서 비슷하게 생활하고 있던 아랍과 중동 및 북아프리카 일대로 번져 대대적인 반정부 시위 운동으로 퍼져나갔습니다. 이 민주화 바람을 '아랍의 봄'이라고 부르며, 이후 여러 지역에서 대립이 고조되는 상황은 '아랍의 겨울'이라 칭하고 있습니다.

# 난민을 대하는 한국의 지금

2018년 12월경, 나는 시민들을 대상으로 난민에 대한 강의를 한 적 있습니다. 이 자리에서 많은 사람들이 예멘 난민에 대한 걱정과 우려를 표했던 일을 기억하고 있습니다. 난민들 가운데 이슬람교도들이 많다는 이유로 이슬람교에 대한 차별적이고 공격적인 발언이 나오기까지 했습니다. "그들은 왜 중동의 이슬람 국가로 가지 않고 종교 문화가 다른 한국까지 왔느냐?" "북한과 대치하고 있는 분단 상황에서 난민들을 받아들인다면, 그 가운데에는 테러리스트도 뒤섞여 있을지 모르는데 이들로부터 어떻게 우리를 보호해낼 것인가?"하는 질문이 주를 이루었습니다.

저는 그 강의를 통해 우리나라 사람들이 생각하는 난민의 이미지가 매우 부정적이라는 사실을 알게 되었습니다. 가장 큰 이유는 공포심이었습니다. 이들이 이슬람 테러분자로 돌변해 테러를 일삼지는 않을까 하는 우려로, 우리나라 사람들이 난민을 테러분자와 동일하게 여기고 있지 않나 하는 생각이 들었습니다. 하지만 난민들은 대부분 그저 살기 위해 전쟁터에서 피난을 떠나온 사람들입니다.

2018년 한국을 뜨겁게 달구었던 이슈 가운데 하나가 바로 예멘 난민의 제주도 입도와, 이후 한국인들 사이에 벌어진 논쟁이었습니다. 예멘 난민을 포용해야 한다는 영화배우 정우성의 발언을 기점으로 그 대립은 더욱 격화되었습니다. 난민에 대한 의견 대립은 난민 자체에 대한 대립을 넘어 그들의 종교 문화에 대한 충돌로까지 이어졌습니다.

지금까지 우리나라 언론에 소개된 무슬림들은 알카이다 조직의 오사마 빈 라덴이나 IS 조직의 비이성적이고 극단적인 테러분자 같은 사람들이 주를 이루었습니다. 그리고 미디어에서는 2001년에 발생한 9·11사태로 뉴욕 쌍둥이 빌딩이 붕괴되는 장면을 반복적으로 보여주면서 무슬림에 대한 부정적인 이미지를 지속적으로 재생산했습니다. 이에 더하여 2015년 11월 파리에서 IS가 저지른 무차별 학살 사건은 세계를 경악시키기에 이르렀고, 한국 사람들에게 무슬림은 곧 테러리스트라는 등식을 다시금 각인시키는 계기가 되었습니다. 당연히 한국으로 힘겹게 발을 들여놓은 예멘 사람들에게도 같은 주홍글씨가 새겨질 수밖에 없었습니다. 결국 대다수 한국 사람들은 예멘인 역시 오사마 빈 라덴이나 알카이다, IS 테러리스트들과 같은 사람들로 바라보게 되었습니다.

2018년 6월 29일, 법무부는 "2017년 말까지 예멘인 난민 신청 누적 총수는 430명이었으나, 올해(2018년) 들어 5개월 동안 552명이 난민 신청을 하여 현재 국내 예멘인 난민 신청자는 총 982명"이라고 밝혔습니다. 그해에 예멘 난민 신청자가 상대적으로 늘어난 까닭은 "2017년 12월 말레이시아와 제주를 운항하는 직항 편이 운항되면서 제주 무사증 제도를 통해 입국한 사례가 늘었기 때문"이라고 분석했습니다. 그리고 정부는 그해 6월 1일부터 예멘을 제주도 무사증 불허 국가로 지정하여 제주 무사증 제도를 이용하여 입국하는 예멘인은 더 이상 없음을 확인했습니다.

한국은 1992년 유엔난민협약에 가입한 뒤로 1994년부터 난민 업무를 시작했고, 2013년에는 별도로 난민법을 제정하여 시행해왔습니다. 제주도 내 예멘 난민 심사 대상자 484명 중 2018년 9월 13일까지 면접이 완료된 440명 가운데 영유아 동반 가족, 임신부, 미성년자, 부상자 등 23명을 인도적 차원에서 보호할 필요성이 높다고 판단한 1차 심사 결정을 내렸습니다. 이들은 주로 본국의 내전이나 후티 반군의 강제 징집을 피해 한국에 입국하여 난민 신청을 한 사람들로, 난민협약과 난민법상 5대 박해 사유(인종, 종교, 국적, 특정 사회집단 구성원 신분, 정치적 견해)에 해당되지 않아 난민 지위는 부여하지 않기로 결정했다고 밝혔습니다. 다만 현재 예멘의 심각한 내전 상황, 그리고 경유한 제3국에서의 불안정한 체류와 체포, 구금 가능성 등을 종합적으로 고려할 때, 추방할 경우 생명 또는 신체의 자유 등을 현저히 침해당할 수 있을 것으로 판단되어 난민법 제2조 3항에 따라 인도적 체류를 허가하기로 결정했다고 발표했습니다.

# 단지 500명의 사람들

난민을 많이 받아들인 대표적 나라로는 독일이 있습니다. 독일에는 현재 100만 명의 난민들이 8000만 명의 독일 사람들과 함께 살고 있습니다. 5000만 인구인 우리나라에서 받아들인 난민 수는 인도적 체류자까지 합쳐서 3200명 남짓입니다. 독일 정부가 난민들을 위해 사용한 2018년도 예산은 약 30조 원에 달하며, 이는 독일의 국방 예산과 비슷한 비용입니다. 이렇게 많은 난민을 받아들이면서도 독일이 망하지 않고 있다는 게 한국 사람들의 눈에는 신기하게 보일 수도 있습니다.

5000만 인구에 500명 예멘 난민들이 들어오자 나라가 반쪽으로 갈라져서 논쟁을 벌이는 곳은 아마 한국밖에 없을 것입니다. 겨우 500명 정도 되는 난민들이 나라를 뒤흔들 수 있다면 그렇게 허약한 나라는 셔터를 내려야 한다고 생각합니다. 수십만 명의 군대와 10만 명의 경찰이 있는 나라에서 겨우 500명 되는 난민을 두려워한다는 건 말도 되지 않습니다. 이미 수많은 난민을 받아들인 유럽 국가들의 분위기를 살펴볼 필요가 있습니다.

● **난민 인정자와 인도적 체류자**
정부가 발표한 2019년 난민 관련 통계자료를 보면 한국의 난민 인정자 수는 미얀마 335명, 에티오피아 131명, 방글라데시 119명 등 총 1022명이며, 인도적 체류자 수는 시리아 1197명, 예멘 647명 등 총 2217명입니다.

우리에겐 6·25전쟁으로 한반도 전체가 쑥대밭이 되면서 온 민족이 피난민이 된 역사가 있습니다. 전쟁 후에는 한동안 민족 전체가 외국의 원조에 기대어 생존하기도 했습니다. 이러한 과거를 생각해서라도 난민들을 배척하거나 어려운 세계인들을 외면해서는 안 될 것입니다. 스위스 가정에서는 어린아이들에게 난민이나 가난한 사람들을 위해 저축하라고 가르치며 실제로 그들을 위해 저축한 돈을 쓰도록 한다고 합니다. 스위스 국민들이 자기 나라에 대한 자부심을 가질 수 있는 대목이기도 합니다. 2차 세계대전 당시 나치의 학살로 국가 명예가 실추되었던 독일은 지금 유럽에서 난민들을 가장 많이 받아들이며, 이들을 뒷바라지하는 국가로 명예를 회복해나가고 있습니다.

대한민국은 현재 경제대국으로 성장했으며 많은 나라들이 한국을 국제사회의 중요한 일원으로 인정하고 있습니다. 하지만 한국 사람들은 세계시민으로서의 위상과 책임을 아직 충분히 인식하지 못하고 있습니다. 난민들에 대한 포용력은 6·25전쟁 당시 배고프던 시절의 수준에서 크게 성장하지 못한 것 같으며, 여전히 이방인들과 타국 문화에 대한 공포심을 떨치지 못한 듯 보입니다. 알지 못하는 것에 대한 공포는 누구나 갖게 마련이지만 그 공포로 인해 새로운 세계를 마주하기를 포기한다면 대단히 안타까운 일일 것입니다. 새로운 대상에 대한 관심과 포용은 공포에 비할 수 없는 엄청난 가치를 가지고 있습니다. 난민들은 전쟁 상흔으로 헝클어져 있지만 우리가 잘 포용하여 새 삶의 터전을 나눠준다면 그들은 곧 보석처럼 빛날 것입니다. 그들이 다시 일어설 수 있게 도와주고 그 모습을 보면서 희망을 가지는 사람들이 많아지는 세상이라면, 그런 세상은 한번 살아볼 만한 아름다운 곳이라 말할 수 있겠습니다.

2019년 4월, 폭격으로 인해 도시 대부분이 폐허가 된 예멘 남서부 타이즈시의 모습이다. 예멘에서는 여전히 내전이 벌어지고 있다. ⓒ Anasalhajj

## 전쟁에 나간 친구가 죽었다

내 이름은 야세르이고 나이는 열아홉 살이다. 내가 태어나고 살았던 주반은 수도인 사나와 국제 항구도시인 아덴의 중간쯤에 위치해 있다. 바위산들이 둘러싼 주반에는 다른 지역과 달리 맑은 물이 흐르는 강이 있다. 한국에서는 전혀 생산되지 않는 과일과 채소들이 자라고 농지에서는 수수나 쌀이 재배된다. 특히 우리 지방 특산품인 망고는 달기로 유명하다. 나는 고향을, 인정 많고 친절한 그곳 사람들을 좋아했다. 예멘은 시아파와 수니파 사람들, 기독교인들, 유대인들이 어울려 살아온 나라다.

나는 4남매 중 셋째이며 위로 누나 둘과 아래로 막내 여동생이 있다. 지금 어머니는 이집트에서 둘째 누나와 막내 여동생과 함께 살고 있다. 아버지는 내가 어릴 때 돌아가셨지만 어머니가 재혼하면서 새아버지가 생겼다. 새아버지는 현재 미국으로 가서 시민권을 획득해 살고 있다. 새아버지는 지금도 나에게 미국으로 오라고 초청장을 보내지만 미국 비자를 받기가 어렵다.

미국 대사관에 가서 비자를 신청했지만 발급해줄 수 없다는 통보를 받았다. 특히 2012년 예멘에서 민주화 시위가 일어난 이후로 미국 대사관은 폐쇄되었고, 더 이상 비자 발급을 하지 않게 됐다. 다른 나라의 미국 대사관에 가서도 비자를 신청해봤지만 언제나 거부됐기 때문에 이제 미국 비자를 신청할 생각은 사라졌다.

2011년 말부터 예멘 사회는 불안정했다. 2011년 튀니지에서 불기 시작한 아랍의 봄바람은 중동 모든 국가들을 세차게 흔들었다. 예멘도 예외는 아니었다. 당시 나는 어렸지만 마을 사람들이 모여서 의논하는 소리를 들었다. 민주화나 자유라는 말을 귀에 익도록 들어야 했다. 예멘도 30년 장기 집권으로 유명한 독재자 살레 대통령이 물러나고 부통령이 대통령직을 승계하면서 모든 게 순탄하게 진행되는 것처럼 보였다.

그러나 물러난 살레 대통령을 따르던 군부가 반기를 들고 무력으로 대항하기 시작하면서 상황은 악화되어갔다. 군부가 분열되고 서로 총칼을 들이대면서 일반 시민들까지 충돌하기 시작했다. 이때부터는 자유니 민주화니 하는 말들은 사라지기 시작했다. 본격적인 내전은 2년이 지나면서 시작되었다. 2014년이 되자 후티군과 정부군 사이 충돌로 예멘은 나누어졌고 사우디아라비아와 서방의 강대국들이 개입하기 시작하면서 상황은 더 비참해졌다.

물론 나는 정치적 상황은 잘 몰랐지만 그때부터 마을 사람들 사이에 의견이 나뉘기 시작했던 것 같다. 마을 사람들도 사우디를 반대하는 편과 사우디를 찬성하는 편으로 나뉘었다. 예멘은 사우디와 국경을 길게 접하고 있어 큰 나라인 사우디에 좌지우지되는 경우가 많았다. 또한 사우디는 영국과 미국을 등에 업고 있어 감히 맞설 수 없는 나라다. 누가 우리 편인지 적인지도 불명확한 상황에서 사람들은 나뉘어 싸우기 시작했다. 내전이 발생하면서 우리는 항상 목숨을 위협받고 살아야 했다. 특히 나처럼 젊은 사람들에게는 참전하라는 요구가 양편에서 들어왔다. 나는 누구의 편에도 서지 않았고 어떤 판단을 할 만큼 아는 것도 많지 않았다. 남쪽으로 갔을 때 남쪽 사람들이 북쪽과 싸우는 데 참여하라고 했지만 그럴 수는 없었다. 나는 자꾸만 변화하는 전쟁 상황 속에서 심한 스트레스에 휩싸였다.

결정적으로 내가 예멘을 떠나야겠다고 생각한 계기가 있었다. 어린 시절부터 같이 자랐던 친구가 전쟁에 참여했다가 죽었다는 소식을 들었다. 그 순간 나는 예멘을 떠나겠다는 마음을 굳혔다. 나는 전쟁이 싫었고 전쟁에서 싸우기를 원하지 않았다. 내가 누굴 죽이고 누군가 나를 죽이는 상황 자체가 너무 무섭고 싫었다. 내 친구가 죽었다는 소식을 듣자 다음은 내 차례일 수도 있다는 생각이 들었다.

## 잘사는 나라 한국에 왔다

2016년 5월 5일이 지금도 선명하게 기억난다. 그날은 내가 조국을 떠난 날이다. 예멘의 사나 공항에는 말레이시아행 비행기 한 대만 남아 있었다. 당시는 전쟁 중으로, 내가 탔던 비행기가 마지막 비행기였다. 말레이시아로 간 데는 특별한 이유가 없다. 나에게는 그 비행기를 타는 것 말고는 다른 선택의 여지가 없었다. 우리 예멘 사람들은 중동의 다른 아랍 국가들로 갈 수가 없다. 수니파의 종주국인 사우디아라비아가 우리 예멘에 대항해 싸우기 때문에 사실상 많은 수니파 아랍 국가들은 우리를 환영하지 않는다. 그래서 할 수 없이 말레이시아 수도 쿠알라룸푸르로 향했다.

쿠알라룸푸르에 가니 많은 예멘 사람들이 살고 있었다. 예멘 사람들은 일정한 수입 없이 아무 일이나 하며 살아가고 있었다. 예멘이 전쟁 중이라는 사실을 알고 있었지만 말레이시아 정부는 우리를 난민으로 인정해주지 않았다. 난민으로 인정받지 못하면 언제든 정부는 우리를 내쫓을 수 있다. 나는 당장 돈을 벌어야 했기에 다른 사람들과 함께 자동차 세차 일을 시작했다. 물론 내가 일을 하는 것은 비합법적이었기 때문에 늘 문제가 따라다녔다. 지역 주민들이나 경찰들과 마주칠 일이 생기면 주눅이 들었다. 또한 나는 일을 하고 아주 적은 돈을 받았다. 말레이시아 사람들과 경찰들은 아무 이유 없이 우리를 잡아 때리기도 했다. 그곳에서 사는 동안 정말 힘들었다. 거기서 나는 비합법 이민자였기 때문에 부당한 일을 당해도 호소할 곳이 없었다. 이런 일들이 반복되자 언젠가는 그곳 역시 떠나야겠다는 생각이 들었다.

말레이시아에 있을 때도 새아버지는 내게 미국으로 오라고 했다. 새아버지가 준 초청장을 가지고 미국 대사관에 갔지만 예멘 사람들에게는 미국 비자를 줄 수 없다는 대답을 들을 뿐이었다. 트럼프 행정부가 들어서면서 무슬림에게는 미국 비자를 발행해주지 말라고 했다는 말도 들었다. 그 뒤로 나는 말레이시아를 떠날 결심을 굳혔다.

말레이시아에서 사는 게 행복하지 않았기 때문에 아무 곳으로나 떠나고 싶었다. 많은 예멘 사람들이 한국행이나 일본행을 얘기했다. 일본은 비자가 있어야 하지만 한국에 있는 제주도라는 섬은 비자가 없어도 갈 수 있다고 누군가 말해주었다. 전부터 나는 한국을 잘사는 나라라고 생각했다. 우리가 쓰는 휴대폰은 대부분 삼성 제품이었고 당시 예멘에서 사용하던 자동차 가운데는 현대 차가 많았다. 한국이 잘사는 나라라는 사실은 절대로 비밀이 아니다.

말레이시아에는 난민을 한국이나 일본으로 데려다주는 브로커들도 활동하고 있었다. 브로커들이 요구하는 금액은 정해져 있지 않았다. 보통 1000달러에서 2000달러 사이였다. 하지만 한국이나 일본은 문화나 언어가 우리와 다르고, 아는 사람이 없고, 난민의 지위를 인정받기도 힘들어 대부분은 주저했다.

나는 2018년 5월 제주도에 들어와 난민 신청을 했지만 받아들여지지 않았다. 단지 한국에 있어도 좋다는 허락만 받은 상태이며 취업을 보장받았다. 한국 정부에서는 인도적 체류자라는 자격을 주어 우리의 체류를 허가해주었다. 나는 일을 하면서 다시 한번 난민 신청을 하려고 한다. 만약 또 다시 받아들여지지 않는다면 이곳을 떠나 유럽으로 갈 예정이다. 물론 유럽으로 갈 수 있으리란 보장은 없지만 다른 난민들과 함께 암스테르담으로 가고 싶다. 암스테르담에는 이미 많은 예멘 사람들이 있고 그곳에서는 난민으로 받아들여질 확률이 높다고 한다. 그래도 한국에서 난민 신청이 받아들여진다면 이곳에서 공부를 하며 살고 싶다. 예멘에서는 전쟁으로 인해 제대로 학업을 마치지 못했다. 한국어도 배우고 싶고 내가 좋아하는 것을 찾아 그 분야를 공부해보고 싶다.

지금은 경상남도에 있는 공장에서 일을 하며 기숙사에서 지내고 있다. 사람들은 친절하고 잘 대해주지만 문제는 음식이다. 우리나라 음식과는 전혀 달라서 처음에는 적응하기가 힘들었다. 우리는 무슬림이기 때문에 돼지고기는 먹지 않는다. 소고기는 비싸서 잘 나오지 않고, 계속 밥과 김치나 다른 음식들이 제공되고 있어서 가끔씩 시내로 나가서 치킨을 사 먹고 돌아온다. 예멘에서는 매일 고기를 주식으로 먹었기 때문에 처음에는 당혹스럽고 배가 고팠지만, 문화가 다른 나라에 왔기 때문에 어떻게든 방법을 찾아나가며 지내려고 애쓰고 있다. 이제는 떠나는 미래가 아닌 머물러 사는 내일을 꿈꾸며 살고 싶다.

2020년 10월, 예멘의 한 어린이가 전쟁으로 부서진 학교에 들어서고 있다. ⓒ Akramalrasny

## 난민이라 부른다고
## 다 난민이 아니다

'난민'은 해당 국가의 일정한 절차를 거쳐 심사를 통해 부여받는 지위입니다. 한국에서 난민으로 인정받으려면 난민 신청서를 내고, 법률상 난민에 해당한다는 사실을 입증해야 합니다. 신청서를 접수하면 출입국 관리 공무원과 면담을 하고 사실 조사 및 심사를 진행한 뒤 결과를 받습니다. 그때 난민 인정이 거절되면 신청자는 이의 신청을 할 수 있고, 그 경우에는 위의 과정을 다시 거치게 됩니다. 이때에도 난민 인정이 이뤄지지 않으면 행정소송 또는 출국을 선택해야 합니다. 이 과정은 전부 한국어로 진행됩니다. 출입국 관리 공무원과의 면담은 절차 가운데 가장 중요한 단계로 통역원의 도움을 받을 수 있지만, 현실적으로 통역원을 구하기는 어렵습니다. 출입국 관리 공무원 수가 부족해 밀려드는 신청자들을 심사하는 데 오랜 시간이 걸려서, 신청자들은 결과가 나올 때까지 몇 개월 이상 기다리는 수밖에 없습니다. 그동안 신청자들은 일을 할 수가 없어 지낼 곳을 구하는 데도 어려움을 겪게 됩니다.

예멘 난민

## 처음 와본 행성에서
## 살아남아야 한다면?

새로운 행성에 도착했습니다. 이제부터 내 미션은 행성에서 살아남기입니다. 이 행성은 처음 와본 곳으로 아는 사람도, 살 집도 없습니다. 나는 아무것도 없는 상태에서 모든 걸 만들어 나가야 합니다. 지금 내가 가진 것은 지난 행성에서 사용하던 화폐 두 장이 전부. 결국 가진 것은 '나' 하나밖에 없는 셈입니다. '나' 하나를 지키기 위해 반드시 이 미션에서 살아남아야 합니다. 우선 무엇을 할지 생각하기 위해 길가에 앉았습니다. 배가 너무 고픈데 거리에는 어디론가 바삐 걸어가는 사람들뿐이고 아무도 나를 바라보지 않습니다. 나에겐 모든 것이 낯선 땅인데, 아무렇지 않게 웃으며 지나가는 사람들을 보니 마음 한편에 불쑥 외로움이 솟아납니다. 미션을 해낼 수 있을까, 그냥 포기하는 게 낫지 않을까, 아니 포기란 걸 선택할 수 있기는 한 걸까. 두려움이 솟구칩니다. 먹고 지낼 곳을 구하려면 돈을 벌어야 하는데, 언어도 인종도 문화도 다른 이곳에서 어떻게 일자리를 구해야 할지 막막합니다. 어쩌면 이 미션은 난민들이 하루하루 마주해야 하는 상황일지도 모릅니다.

# 아르메니아 대학살, 그리고 난민

## 민족 전체가 난민이 된
## 아르메니아 민족

아르메니아는 작은 민족으로, 중세 시대부터 지금에 이르기까지 거의 1000년 동안 투르크(터키) 민족에게 고통받아왔습니다. 1차 세계대전 당시 오스만제국에 의해 150만 명이 학살당하면서 생존자들은 대부분 난민이 되어 전 세계 곳곳에 흩어져 살고 있습니다. 20세기 초 벌어진 아르메니아 대학살은 아직도 터키의 정치적 압력 때문에 인정받지 못하고 있는 역사적 사건입니다. 아르메니아 대학살이 인류사에서 가지는 의미는 중요합니다만 당장 정치, 경제적 이익 문제로 인해 세계는 이 사실을 외면하고 있습니다.

나는 아르메니아 대학살을 취재하면서 이루 말할 수 없는 충격을 받았습니다. 특히 아르메니아 민족에 대한 대학살 사례 하나하나는 인간이 가진 잔인성의 극치를 보여주는 것이었습니다. 그럼에도 이 사건은 아무런 단죄 없이 그냥 넘어가버렸고, 100년이 넘게 지난 지금까지도 아르메니아 민족은 아르메니아 대학살을 인정해달라고 세계에 호소하고 있습니다.

아르메니아 민족은 노아의 방주 신화로 유명한 터키 동부 아라랏산 근방에 거주하면서 고도의 문명 생활을 누렸습니다. 서기 301년에 세계 최초의 기독교 국가가 된 역사를 간직하고 있기도 합니다. 이슬람교가 세를 확장하면서 주위 국가들이 모두 이슬람으로 개종했을 때도 아르메니아 민족만은 기독교 민족으로 남아 있었습니다. 바로 이 때문에 기회만 생기면 아르메니아를 이슬람 국가로 개종하기 위한 이슬람 제국들의 침략이 이어졌습니다. 15세기경부터 오스만제국이 중동과 발칸 전 지역을 정복하면서 아르메니아도 오스만제국의 통치를 받기 시작했습니다.

아르메니아 대학살이 벌어지기 전 오스만제국에는 약 300만 명의 아르메니아인들이 살고 있었습니다. 1915년에는 300만 명의 아르메니아인 가운데 거의 절반에 해당하는 인구가 죽임을 당하는 '인종 대청소'가 자행되었습니다. 당시 오스만 정부는 누구나 치를 떨 정도로 비인간적이고 잔인한 방법을 동원해 아르메니아 민족을 학살했습니다.

1915년 4월 24일, 당시 오스만제국의 터키군은 이스탄불에서 250명의 아르메니아 지도자들과 지식인들을 체포해 처형했습니다. 이들은 터키 사회에서도 이름을 날리던 교수와 문인들로, 존경의 대상이던 사람들이었습니다. 이 학살을 시작으로 아르메니아 사람들은 계속적인 학살에 시달리게 됩니다. 당시 오스만 정부는 아르메니아 남자들을 학살하기 위해 열여덟 살부터 쉰 살 이하의 아르메니아 남자들을 모두 군대로 소집했습니다. 강제 징집된 아르메니아 남자들은 얼마간 훈련을 받다 나중에는 모두 무장해제된 뒤 50명에서 100명 단위의 그룹으로 나뉘어 다리 건설과 도로 공사 현장에 동원되었습니다.

얼마 뒤 이들은 모두 터키군에 의해 공사장에서 학살되었습니다. 이런 식으로 수십만 명의 아르메니아 남자들이 터키군에 끌려가 죽임을 당했습니다. 남자들에 이어 남아 있던 어린이들과 여자들, 노인들까지도 사막으로 강제 추방돼 굶주림과 갈증, 학살로 죽어갔습니다. 한 예로, 35만 명의 아르메니아인을 시리아 사막으로 추방했는데 시리아에 도착했을 때는 단지 35명만이 살아 있었다고 합니다.

이러한 대학살로 아르메니아 민족의 운명은 완전히 변하게 되었습니다. 고대부터 살아온 땅과 가족과 재산을 잃고 전 세계로 뿔뿔이 흩어지게 되었습니다. 현재 러시아에 200만 명, 미국에 100만 명을 비롯해 107개국에 모두 900만 명의 디아스포라 아르메니아인들이 흩어져 살고 있습니다.

　매년 4월 24일, 전 세계에 흩어진 아르메니아인들은 모두 하나가 되어 이날을 추모합니다. 100여 년 전 이날, 오스만제국에 거주하던 150만 명 아르메니아인들에 대한 학살은 250명의 아르메니아 지식인들을 처형하면서 시작되었습니다. 1915년 당시에는 200만 명 이상의 아르메니아인들이 터키 동쪽에 거주하고 있었습니다. 그러나 터키의 구조적인 민족 말살 정책으로 150만 명이 학살되고 수십만이 시리아 사막으로 추방되어 죽어 갔습니다.

　1차 세계대전이 끝난 뒤 터키는 아제르바이잔을 침략하면서 그곳에 피난해 있던 수십만 명의 아르메니아인들을 다시 학살했습니다. 당시 영국, 독일, 프랑스 등은 아르메니아인들에 대한 구조적인 학살을 비난했지만 이를 막기 위한 아무런 수단도 동원하지 않았습니다.

## 누가 아르메니아 대학살을 기억하는가?

바람이 세차게 불던 2005년 7월의 어느 여름 날 오후, 나는 아르메니아 대학살에 대해 역사적 권위를 인정받고 있는 한 아르메

이라크 북부 쿠르디스탄의 수도 아르빌에 사는 한 가족이 추모의 제단을 찾아왔다. 그들은 아르메니아 대학살 희생자의 가족으로, 증조모와 2명의 아들이 터키군의 칼에 맞아 비참하게 희생당했다고 한다.

니아 교수를 만나기 위해 '예레반의 달동네'라 불리는 곳으로 발걸음을 옮겼습니다. 공산주의 사회를 거친 지역이라지만 빈부 격차는 눈에 보일 정도로 확연히 드러났습니다. 예레반 중심가의 중산층이 사는 곳과 이곳은 주거 환경부터가 아예 달랐습니다. 수돗물이 들어오는 시간도 한정되어 있고 전기도 간혹 끊기곤 했습니다.

예레반의 러시아 아르메니아 대학에서 국제관계학연구소장을 맡고 있던 로잘리 가브리엘리안 교수는 개인적으로 아르메니아 대학살과 깊이 연관되어 있습니다. 교수의 조부모는 아르메니아 대학살을 겪은 당사자들입니다. 지금은 터키 도시인 카르스에서 그의 조상들은 수백 년 동안 뿌리를 내려 살아왔습니다. 아르메니아 대학살이 진행되던 1915년, 로잘리 교수의 조부모들은 대학살을 피해 모든 것을 버려두고 예레반으로 피난을 왔습니다. 조부모들은 비록 목숨을 건졌지만 가족들은 모두 터키군에 목숨을 잃었습니다.

로잘리 교수는 오스만제국의 아르메니아인 학살은 1915년이 아니라 이미 오래전부터 시작되었다고 말합니다. 1893년에서 1896년까지 이미 수만 명의 아르메니아인들이 학살당했다고 주장합니다. 이때부터 오스만제국은 '아르메니아인 없는 아르메니아'나 '터키인만을 위한 터키'라는 기치를 내걸고 아르메니아 민족에 대한 대학살을 구체화했다는 것입니다. 로잘리 교수는

"1915년 터키군에 의한 대학살이 시작되면서 6개월 만에 150만 명의 아르메니아인들이 학살당했다. 이는 국가가 치밀하게 주도하지 않고선 불가능한 일"이라면서 터키의 국가적 범죄임을 분명히 했습니다.

그럼에도 지금까지 터키 정부는 단 한 번도 아르메니아 대학살을 인정하거나 사과한 적이 없습니다. 도리어 대학살을 제기하는 아르메니아에 완전한 국교 단절과 국경 봉쇄, 금수 조치를 통한 심각한 경제 압박을 가해왔습니다. 또 아르메니아 대학살을 인정한 국가들에 대해서는 외교적 보복을 일삼았습니다. 이로 인해 지금까지도 아르메니아는 이웃 국가들로부터 고립되어 경제적으로 엄청난 곤란을 당하고 있습니다.

아르메니아 민족이 무엇보다도 터키 정부에 분노하고 있는 부분은 아르메니아 대학살에 대한 사실 왜곡입니다. 극단적인 역사 왜곡의 한 예를 든다면, 터키 정부가 아르메니아 민족을 대학살의 가해자로, 터키 민족을 피해자로 만들어놓은 것입니다. 적반하장 격의 역사 왜곡에 틀림없습니다. 그동안 터키 정부는 3000만 달러 이상 예산을 지출하면서 주로 미국 대학의 역사학자들을 매수해 아르메니아 대학살의 역사를 왜곡하는 일에 힘을 쏟았습니다.

현재 유럽연합 가입을 서두르고 있는 터키에게 아르메니아 대학살은 쿠르드 민족 문제와 더불어 가장 큰 걸림돌로 작용하고 있습니다. 아르메니아 대학살 추모사업회 바르세기얀 회장은 "이미 유럽 대부분 국가들이 아르메니아 대학살을 인정하는 법안을 의회에서 통과시킨 상태이기 때문에 터키가 아르메니아 대학살에 대해 사과와 배상을 하지 않고서는 유럽연합 가입은 불가능할 것"이라면서 아르메니아 대학살 건을 터키의 유럽연합 가입 문제와 연계한다는 방침을 분명히 했습니다.

독일 나치가 2차 세계대전 중 치밀한 계획 아래 유대 민족에 대한 말살을 시도한 역사는 잘 알려졌으나, 이보다 앞선 1915년에 터키가 자행한 아르메니아 민족 대학살은 인류 역사의 뒷전으로 밀려나 있습니다. 이 때문에 히틀러는 자신의 저서인 《나의 투쟁》에서 '지금 누가 아르메니아 대학살을 기억하는가?'라는 주장을 펴면서 유대인 학살을 적극적으로 주장했습니다. 역으로 말하면 아르메니아 대학살이 일어났을 당시, 만약 이 사건이 세계적 문제로 도마 위에 올랐더라면 홀로코스트는 일어나지 않았을 수도 있을 것입니다. 이처럼 아르메니아 대학살은 세계사에서 중요한 비중을 차지함에도 불구하고 강대국들의 정치적 이해관계로 인해 완전히 무시되어왔습니다.

2000년 4월, 아르메니아 대학살은 미국 내 아르메니아인 사회를 중심으로 공론화가 진행되어 미국 의회 소위원회를 통과했습니다. 그러나 터키의 압력을 받은 미국 정부는 하원에 권고해 안건 심의를 중단시켜 세계 여론의 질타를 받았습니다. 또한 2019년 12월에도 미국 정부는 아르메니아 대학살 건의 통과를 거부하는 입장을 밝혔습니다. 아르메니아 대학살은 미국 하원과 상원을 통과했지만 미국 행정부가 승인을 거부했습니다. 중동 문제의 복잡 미묘한 관계 속에서 터키를 잃지 않으려는 미국 정부의 정치적인 고려 때문입니다. 학살자인 터키와의 군사적·경제적 이해관계가 훼손될 것이 두려워 학살자의 편에 서서 그 어깨를 두드리고 있는 게 현재 국제관계의 민낯입니다.

이미 4세대째를 맞고 있지만 아르메니아 민족은 여전히 고통을 치유받지 못한 채 아파하고 있습니다. 지금까지도 터키 당국은 아르메니아 대학살을 부정하거나 왜곡 및 축소하고 있습니다. 냉전 시대 때는 소련과 미국의 대립을 이용해 덮어왔으며, 지금은 중동의 정치 상황을 이용해 미국을 등에 업고 아르메니아의 요구를 부정하며 도리어 그들을 국제사회에서 고립시키고 있습니다. 많은 국가들은 중동의 군사 강국인 터키와의 외교적인 문제를 염려하며 아르메니아 대학살을 인정하지도 부정하지도 못하는 어정쩡한 상태에 빠져 있습니다. 특히 미국이나 홀로코스트의 피해자인 이스라엘은 터키와의 외교관계 탓에 가장 난감한 상황에 빠져 부정도 인정도 할 수 없는 입장임을 고백한 바 있습니다.

하지만 2016년 4월 12일, 프란치스코 교황은 아르메니아 대학살을 '21세기 최초의 집단학살(Genocide)'로 공식 규정했습니다. 교황의 아르메니아 대학살 인정에 터키는 강력하게 반발했지만, 교황은 "악의 은폐와 부정은 상처를 싸매주지 않고 계속 피 흘리는 상처를 내버려두는 것과 같다"고 언급하면서 터키의 사과를 촉구했습니다.

또한 1915년 당시 터키 정부의 사주를 받고 잔인하게 아르메니아인들을 학살하는 데 앞장섰던 쿠르드 민족도 당이나 조직 대표들을 앞세워, 선조들이 자행한 학살을 계속적으로 사과해오고 있습니다. 1915년 터키군의 학살을 피해 피난을 가던 아르메니아인 수천 명이 살해당한 '바르기리 계곡의 학살'이 바로 쿠르드 민족이 자행한 대표적인 학살 사례입니다. 현재 터키의 압제에서 해방되기 위해 투쟁을 벌이고 있는 쿠르드 민족이 과거에는 아르메니아 민족을 학살하는 데에 앞장섰던 터키의 전위대였다는 사실은, 지금도 쿠르드 민족에게 주홍글씨로 남아 있습니다.

아르메니아 대학살이라는 렌즈를 통해서 보면 국제사회라는 것의 실체를 조금이나마 이해할 수 있게 됩니다. 대학살이 일어난 지 100년이 넘었지만 세계는 아르메니아 민족이 당한 고통을 여전히 외면하고 있습니다. 아르메니아 민족이 원하는 것은 터키에 대한 복수가 아니라 단지 사과이며 최소한의 물리적 보상입니다. 150만 명을 학살한 뒤에도 사과하지 않고 도리어 학살을 부정하고 아무런 제재도 받지 않은 채 피해자를 가해자로

몰고 가는 나라. 그런 나라와 세계에서 함께 살아가고 있다는 사
실은 인류 모두에게 수치스러운 일이 아닐 수 없습니다.

## 대학생들 각자의 기억

2005년 어느 날, 아르메니아 수도 예레반에 도착하자마자 나는
4명의 아르메니아 대학생과 함께 아르메니아 대학살 추모지를
방문했습니다. 예레반이 한눈에 내려다보이는 언덕에 민족의
대학살을 추념하는 성지가 마련되어 있습니다. 성지로 향하는
입구인 언덕배기에 도착하자 커다랗게 펼쳐진 플래카드가 펄럭
이고 있었습니다. '1915, 2005'라는 숫자 위에 '90'이 적혀 있어 아
르메니아 대학살 90주년을 뜻한다는 것을 단번에 알아차릴 수
있었습니다.

　추모지로 들어서는 가파른 오르막길은 90년 전 대학살을
당한 아르메니아 민족의 삶처럼 고행의 길이었습니다. 차오르

는 숨을 억누르며 겨우 언덕에 올라서자 길은 곧 내리막으로 접어들었습니다. 길 양쪽으로 우거진 숲속에는 온갖 새들이 그곳을 천국 삼아 날아다니며 울음을 그치지 않았습니다. 추모지에서 내려오는 아르메니아 사람들은 먼 곳에서 온 이방인인 나에게 각별한 호기심을 드러내며 감사하다는 말을 잊지 않았습니다. 거대한 평지가 드러나면서 뾰족이 솟은 추모탑이 서서히 눈앞에 모습을 드러냈습니다.

나와 학생들은 추모단으로 내려갔습니다. 그곳으로 내려가는 계단은 가파르게 깎아놓아 방문객들이 자연스럽게 제단에 고개를 숙이게 되어 있었습니다. 그곳에는 학살당한 아르메니아인들의 영혼을 위로하는 영원한 불꽃이 타고 있었고 주위에는 방문객들이 바친 꽃들이 놓여 있어 사뭇 엄숙한 분위기를 자아냈습니다. 한 무리의 아르메니아 가족이 어린이들과 함께 불꽃 주위에 서서 무엇인가에 대해 열심히 얘기하고 있었습니다. 비극적으로 죽어간 할아버지 세대를 아버지가 자식들에게 설명하는 모습을 잠시나마 엿볼 수 있었습니다.

우리도 타오르는 불꽃 주위에 모여 죽어간 영혼들을 위로한 뒤 추모단 계단에 모여 앉아 각 집안의 내력을 이야기했습니다. 놀랍게도 네 학생 모두 아르메니아 대학살을 거친 증조부모에 대한 기억을 간직하고 있었습니다. 예레반 의대 3학년생인 본드는 아르메니아 대학살 당시 조부모가 겪었던 일들을, 3세대

아르메니아의 수도 예레반에는 희생자들을 추모하기 위한 성지가 있다. 터키에 학살당한 150만의 희생자들을 추념하는 이 아르메니아 민족의 성지에는 영원히 꺼지지 않는 불꽃의 제단이 있다.

전의 이야기임에도 너무나 생생하게 들려주었습니다.

"1915년 당시 증조부는 아르메니아인 마을의 대표였습니다. 증조부는 신망이 두터워 인근 마을 사람들뿐만 아니라 터키군 장교들에게도 존경을 받았습니다. 어느 날 밤 터키군 장교 한 사람이 와서는 빨리 마을을 떠날 것을 권했지만 증조부는 마을 사람들과 생사를 같이하겠다면서 떠나지 않았습니다. 다음날 증조부는 마을 남자들과 함께 어딘가로 끌려가서 다시는 돌아오지 못했습니다. 증조부께서 이른 아침 마을 사람들과 함께 끌려가기 전 증조모께 어린 조부와 피하라고 해 조부는 겨우 화를 면했다고 들었습니다."

옆에서 얘기를 듣고 있던 유럽 대학 경영학 3학년생 문치는 증조부모는 무사했지만 증조부의 형제들이 모두 처참한 살육을 당했다고 말했습니다. 그리고 옆에 있던 예레반 의대 3학년생 기오르기도 자기 증조부는 목숨은 구했지만 지금의 터키 카르스에 모든 것을 버려두고 홀로 예레반으로 피난해 와 고아로서 힘든 삶을 살았다는 얘기를 전해주었습니다.

# 아버지의 기억

아테네에 살고 있는 아고프 쿠연장 씨는 세상을 떠난 아버지의 한스러운 기억을 아픔으로 간직하고 있는 많은 아르메니아인들 가운데 한 사람입니다. 그의 삼촌은 당시 터키 동부 카르페르트의 부유한 상인이었습니다. 터키 군인들이 무차별적 학살을 자행하고 있다는 소문은 들었으나 그들이 그곳까지 오리라곤 전혀 예상하지 못했다고 합니다. 사람들이 미처 피난을 떠나기도 전에 이들이 들이닥쳤다는 소문이 들렸습니다. 삼촌은 온 가족을 예복 차림으로 한자리에 모이게 했습니다. 12명이나 되는 가족들과 식사를 마치고 함께 차도 마셨습니다. 독을 탄 차였습니다. 삼촌은 식구들에게 모두 마시게 한 다음 마지막으로 자신도 찻잔을 들었습니다. 터키 병사들이 오기 전에 가족들은 모두 세상을 떠났습니다. 이야기를 하던 그의 눈시울은 어느새 붉게 물들어 있었습니다.

이미 3세대가 지났지만 조부모나 부모 대의 친지들 가운데 희생자가 있는 사람들이 여전히 대부분입니다. 그래서인지 세계에 흩어진 아르메니아인들을 통해 아르메니아 대학살을 국제적으로 인정받기 위한 노력은 꾸준히 이어져왔습니다. 1965년 우루과이 정부가 아르메니아 대학살 50주년을 계기로 이를 처음으로 공식 인정하면서 다른 나라에서도 아르메니아 대학살을 공식 인정하기 시작했습니다. 2001년 3월에는 스웨덴 의회도 공식 인정하는 안을 통과시켰으며, 600만 유대인 대학살의 피해 당사국인 이스라엘의 교육부 장관은 아르메니아 대학살을 교과 과정에 포함시킬 것을 제안했습니다.

그러나 터키는 이웃 나라인 아르메니아와 국교 수립을 거부한 채 지금까지 이 문제가 거론되는 것 자체를 차단해왔습니다. 또한 앞서 언급했듯 대학살의 역사적 사실 자체를 아예 부정하고 도리어 아르메니아인들에 의해 터키인들이 학살당했다고 주장하고 있습니다. 아르메니아 정부는 "역사적 사실에 대한 인정이 상호 신뢰와 이해의 분위기를 창조하는 지름길"이란 입장을 견지하면서 이 문제가 터키와의 관계에서 가장 중요한 문제임을 강조하고 있습니다.

지난 세기 최초의 대학살을 겪어야 했던 아르메니아인들은 지금도 600만 명이 외국에 흩어져 있고 단지 300만 명만이 지금의 아르메니아에 살고 있습니다. 1991년 소련으로부터 독립하여 수백 년 만에 다시 독립국가를 건설한 아르메니아는 지금까지 끈질긴 민족성을 이어오면서 민족의 상처를 세계와 공유하기 위해 노력하고 있습니다.

# 통곡의 기억

1915년 대학살 속에서 살아남은 생존자들 가운데 많은 사람들은 시리아 2대 도시인 알레포에 자리 잡고 살기 시작했습니다. 하지만 2011년에 시작된 시리아 내전으로 알레포는 IS와 시리아 반군에 넘어갔고, 기독교도들인 아르메니아인들이 더 이상 살 수 없는 도시로 변하고 말았습니다. 시리아 내전은 하루아침에 이들이 가진 모든 것을 앗아갔습니다. 지금 예레반은 시리아에서 온 아르메니아 난민들로 나날이 채워지고 있는 실정입니다.

경제 상황이 좋지 않은 아르메니아에서는 많은 젊은이들이 더 나은 삶을 찾아 러시아나 유럽, 미국으로 떠나고 있는 반면, 시리아의 아르메니아인들은 생존을 위해 모국을 찾아오고 있습니다. 거리에서 발견한 '메소포타미아 레스토랑'이라는 간판이 강하게 발걸음을 잡아끌었습니다. 간판을 보면서 혹시 시리아에서 온 아르메니아인이 경영하는 식당이 아닐까 생각했는데 예감이 적중했습니다. 주문을 하면서 이야기를 꺼내자 일하는 청년들부터 주방장까지 모두 시리아 출신 아르메니아인이라고 자신들을 소개했습니다.

이곳에서 아내와 함께 주방장으로 일하는 50대 후반의 하루트 씨는 다마스쿠스에서 큰 식당을 경영했지만 하루아침에 난민 신세로 전락해 이렇게 살고 있다면서 자신의 처지를 한탄

했습니다. 내가 그의 선조 가운데 대학살 희생자가 있는지를 묻자 그는 아르메니아 민족 전체가 유족일 것이라고 대답했습니다. 하루트 씨는 9월 10일만 되면 조모께서 하루 종일 통곡을 해서 어릴 때는 영문도 모른 채 울지 말라고 떼를 썼다고 합니다. 열다섯 살이 되던 해에 할머니에게 왜 우는지 묻자 할머니는 다시는 묻지 않는다는 조건으로 단 한 번만 들려준다면서 이야기를 털어놓았다고 합니다.

"당시 할머니는 열세 살 어린 나이로, 터키 군인들이 온다는 말을 듣고 동네 사람들과 함께 교회 지하로 숨어들었습니다. 그런데 할머니의 어머니와 두 남동생은 교회로 오지 않고 집에 남아 있었다고 합니다. 터키군은 교회에 불을 질렀고 할머니와 마을 사람들은 숨도 쉬지 못하고 지하에 남아 터키군이 물러가기만 기다렸다고 합니다. 터키군이 완전히 물러간 다음 집으로 달려갔을 때 할머니가 두 눈으로 본 광경은 세상에서 가장 처참한 모습이었다는 겁니다. 할머니의 어머니는 의자에 앉아서 아무런 움직임도 없이 죽어 있었고, 두 남동생은 모두 다리가 잘린 채 어머니의 무릎에 앉아 죽어 있었다고 합니다."

하루트 씨 할머니는 그 뒤로 다시는 어머니와 두 남동생에 대한 이야기를 하지 않았고, 매년 그날이 오면 어김없이 통곡하며 하루를 보냈다고 합니다.

예레반 대학 예술대 교수인 시라누스 갈스티안 씨도 항상 할머니의 통곡을 들으면서 자랐습니다. 할머니는 죽을 때까지 부모와 다섯 형제들의 죽음을 떠올리며 통곡의 나날을 보냈다고 합니다. 1900년 서부 아르메니아 무슈에서 태어난 시라누스 교수의 할머니는 열다섯 살이었던 1915년에 결혼을 했습니다. 신랑은 당시 아르메니아 자원군에 입대한다면서 조지아(옛 그루지야)로 가버렸고, 할머니는 시집에서 남편 가족들과 함께 지내며 한동네에 살던 친정 식구들과도 자주 왕래하며 대가족으로 지냈습니다. 지내던 곳은 시골 마을 대공동체로, 마을 사람들 모두가 친인척으로 얽힌 사이였습니다.

대학살이 시작되면서 가옥들과 교회들은 모두 불태워지고 아르메니아인들은 무차별적으로 살해당하고 하루아침에 삶의 터전에서 추방되었습니다. 터키군이 마을로 들어오는 날, 85명의 친인척들은 시라누스 교수의 할머니가 살던 집으로 모여들었습니다. 당시 열다섯 살이던 할머니는 터키군이 오자 본능적인 공포심에 닭장으로 몸을 숨겼고, 그곳에서 터키군이 자행하는 잔인한 학살을 숨죽인 채 두 눈으로 똑똑히 지켜보았습니다. 당시 5명의 어린 남동생들이 모두 터키군이 던진 돌에 맞아 죽었고, 모였던 85명의 친인척 가운데 시라누스 할머니를 포함해 단 3명만 사흘 동안 죽은 체해서 살아남았다는 것입니다.

그 뒤로 할머니는 조지아로 간 남편을 찾아 길을 떠났다가 다시 터키군에 잡혀 사막으로 추방되는 행렬에 들게 되었습니다. 할머니는 사막으로 추방되는 길에서 겪었던 악몽과도 같은 일 역시 고스란히 손녀에게 들려주었습니다. 그 가운데 "터키군이 어린아이에게 돌을 건네주면서 부모들에게 던지라고 명령했고, 아이들은 부모들에게 돌을 던져 죽였다"는 이야기도 있었습니다. 할머니가 따라가던 행렬은 다행히도 소비에트군이 다가오자 터키군이 도망가면서 살아남을 수 있었습니다. 시라누스 교수가 꺼낸 할머니에 대한 기억은 여기서 그치지 않았습니다. 그의 선친이 남겨놓은 노트를 꺼냈는데, 틈틈이 기억나는 대로 가족들의 고난사를 적어놓은 내용이 책 한 권가량 되는 분량으로 남아 있었습니다.

## 상처를 안고 사는 사람들

아르메니아 대학살이 일어난 지 100년이 지났지만 아르메니아 민족은 여전히 그때의 상처를 안고 살아가고 있습니다. 그들의 상처를 아물게 해줄 당사자는 우선 가해자인 터키인들과 터키 정부입니다. 그러나 터키는 한마디 사과조차 없이 자신들이 저지른 범죄행위를 아예 부정하거나 왜곡하고 있습니다. 더욱이 터키 정부는 아르메니아 대학살을 언급하는 언론인이나 지식인들을 잔인하게 탄압하고 있습니다.

대표적인 인물로는 터키 출신 작가인 오르한 파무크를 들수 있습니다. 그는 2005년 아르메니아 대학살을 인정한다는 말을 했다가 터키 정부에 기소당하면서 전 세계 이목을 집중시켰습니다. 다음 해 오르한 파무크가 노벨 문학상을 받으면서 널리 알려지자 터키 정부는 그에 대한 기소를 거둬들였습니다. 하지만 터키 정부는 여전히 날카롭게 그를 관찰하고 있는 상황입니다. 그럼에도 불구하고 오르한 파무크는 2019년 11월 아랍에미리트에서 열린 '샤르자 국제도서전'에 참석해 아르메니아 대학살에 대한 자신의 뜻을 다시 한번 확실하게 밝혔습니다.

　　"나는 많은 작가들이 자신의 신념 때문에 감옥에 가는 세계의 한 곳에서 살고 있습니다. 진실에 대해 말하는 것이 내가 할수 있는 전부이며 그래서 나는 행복한 작가입니다."

## 청소년 독자들에게

과거 한국은 굉장히 고립된 나라였습니다. 한국과 세계 사이의 거리는 아주 멀었습니다. 한국은 소수 연구자들만 아는 나라였을 뿐, 대다수 세계인은 한국이 어디에 있는지, 그런 나라가 있는지조차 관심이 없었습니다. 그러다가 1950년 한국전쟁이 발발하여 미군이 5만 명 이상 죽자 세계에 한국이라는 이름이 조금씩 알려지기 시작했습니다. 이후 서울올림픽이 개최되며 다시 한번 한국이란 나라가 세계에 알려집니다.

1992년 외국의 어느 공항에서 카트에 붙어 있던 '삼성' 로고를 본 기억이 납니다. 그때 외국인들은 삼성이라는 이름은 알아도 그것이 한국 기업인지는 모르는 경우가 많았습니다. 게다가 민주국가 위주의 국제사회에서 군부독재를 겪은 한국은 부정적인 이미지를 가진 나라였습니다. 그랬던 한국이 지금은 세계 10위권을 넘보는 경제대국으로 성장해, 국제사회에서의 위상은 예전과 비교할 수 없을 만큼 높아졌습니다. 그만큼 국제사회가 우리에게 기대하는 역할도 크게 늘었습니다.

그러므로 우리는 이제 세계 속 한국의 위치와 역할을 바로 알고 그에 따른 책임을 헤아려 국제사회에 기여하는 자세를 가져야 합니다. 그 시험대가 바로 난민 문제에 대한 대응입니다. 현재 대다수 선진국들이 고심하며 해결책을 찾고 있는 국제 이슈가 바로 난민 문제입니다. 물론 그들국가 중 상당수가 오늘의 난민 사태에 직접적인 책임을 지고 있는 탓이 크지요. 난민들은 대부분 강대국들이 벌인 전쟁으로 인해 생겨난 존재이므로, 그 국가들이 책임을 져야 함은 당연합니다.

그런데 우리도 그 책임에서 자유롭지는 못합니다. 한국 역시 그 국가들과 무역 거래나 군사 협력 등을 해왔기 때문에 간접적인 책임을 피할 수 없습니다. 우리 어른들은 지금껏 그 책임을 모른 체해왔습니다. 여러분에게 너무 미안한 일입니다. 하지만 여러분은 어른들보다 훨씬 나은 사람들입니다. 세계화된 환경에서 성장해온 덕에, 한국이라는 좁은 울타리를 넘어 세계인과 어울릴 수 있는 능력을 갖고 있습니다. 국제사회의 참된 일원으로 살아갈 주역이 바로 여러분, 청소년들입니다.

안타깝게도 우리는 아직 난민이라고 하면 색안경을 끼고 봅니다. 한국에 머무는 외국인 자체를 부정적으로 바라보는 시각도 여전합니다. 하지만 그럴 필요가 없습니다. 세계인이 한데 어울려 살아가는 세상이고, 우리도 수시로 외국을 드나드니까요. 우리가 다른 나라에 머무는 동안 그곳에서 멸시와 박해를 받는다면 얼마나 두렵고 서러울까요? 입장 바꿔 생각하면, 외국인을 포용하는 자세는 너무도 당연한 것입니다.

난민들은 전쟁과 박해를 피해 길을 떠난 사람들입니다. 살기 위해 한국을 택한 그들에게, 우리는 조금 더 너그러워져야 합니다. 역지사지의 자세로 그들을 마주하면 자연스레 공감하고 포용하게 될 것입니다. 우리가 너그러이 곁을 내어준 만큼, 그들도 우리 사회에서 기여하는 삶을 살고자 노력할 것입니다. 건강한 사회는 모두 함께 사는 방법을 찾을 때 이루어질 수 있음을 잊지 않으면 좋겠습니다.

하영식

## 추천의 글

**홍세화 (장발장은행 은행장)**

이 책은 난민들의 서사를 통해 오늘의 세계를 이해하게 해줍니다. 술술 잘 읽히는 것도 지구상에서 전쟁과 기아로 고통받는 사람들을 인간애로 열심히 찾아다닌 저자의 발걸음 덕분일 것입니다. 부디 많은 청소년들이 이 책을 읽고 '난민의 시대'를 비판적으로 인식할 수 있는 세계시민이 되기 바랍니다.

**이진혜 (이주민센터 친구 상근변호사)**

근래 예멘 난민의 입국이 화제가 되면서, 우리는 비로소 한국과 난민의 관계에 대해 숙고하게 되었습니다. 오늘날 세계는 촘촘히 연결되어 서로 긴밀하게 영향을 주고받습니다. 공감과 연대, 더 나은 세상을 위한 변화를 추구하기 위해서는, 국경 너머에서 일어나는 일들을 정확하게 바라보는 눈이 필요합니다. 이 책은 바로 그런 시선을 제시해줍니다. 입체적으로 보고, 깊게 생각할 수 있는 기회가 되기를 바랍니다.

**김민혁 (난민 청소년, 영화 〈슈퍼스타〉 주인공)**

한국에서 난민으로 많은 편견 속에서 살아온 저는, 여기 등장하는 전 세계 난민들의 상황에 절절히 공감할 수밖에 없었습니다. 그들의 힘겨운 일상이 고스란히 느껴져 읽는 내내 마음이 아팠습니다. 대다수 사람들에게 '난민'이란, 자신과 관련 없는 낯선 존재일 것입니다. 난민의 삶을 경험해본 적은 더더욱 없겠고요. 이 책이 많은 이에게, 오늘날 난민들이 처한 상황을 이해하고 공감할 수 있는 계기가 되기를 바랍니다.